네가 꿈을 꾸면 신화는 계속된다

초판 1쇄 인쇄 Ι 2008년 4월 25일
초판 1쇄 발행 Ι 2008년 4월 30일

지은이 Ι 김재헌
그린이 Ι 강이든

펴낸이 Ι 채주희
펴낸곳 Ι 해피&북스
편집 진행 Ι 인인영
디자인 Ι 김왕기

출판등록 Ι 제 10-1562호(1985.10.29)
주소 Ι 서울특별시 마포구 합정동 433-62
전화 Ι 02-323-4060, 02-322-4477
팩스 Ι 02-323-6416, 080-088-7004
이메일 Ι elman1985@hanmail.net

ISBN 978-89-5515-356-9   03320
*책 값은 뒷표지에 있습니다.

네가 **꿈을 꾸면** 신화는 계속된다

시련을 딛고 신화를 만든
이명박 대통령의 이야기!

네가
꿈을 꾸면
신화는
계속된다

김재헌 지음

해피&북스

난세에 인물이 나온다

아들아! 지난번 너에게 보냈던 편지들이 책으로 나오고 난 뒤, 많은 친구들이 그 책을 읽고 꿈을 갖게 되었다고 했단다. 더러는 아버지에게 이메일을 보내기도 했지. 이 시대에 진정 필요한 인물이 되려면 어떻게 해야 하냐고 말이야. 그 이메일들을 받으면서 아버지는 생각했단다. '이 세상에 태어나 살면서 글을 깨치고 이치를 알면 사람들은 누구나 훌륭한 사람, 뛰어난 사람, 멋있는 사람, 위대한 사람, 존경받고 본받을 만한 사람, 영향력 있는 사람이 되고자 하는구나!' 라고.

하지만 정말 한 시대를 구하고 이끌어 미래로 가는 길을 열어 주는 인물이 되는 방법을 제시해 주는 사람은 그리 많지 않단다. 그래서 어릴 때 위인들에 대한 이야기를 많이 듣고 읽어야 하지.

사람은 누구나 자신의 진로를 가르쳐 줄 역할 모델이 필요한 법이기 때문이란다.

《16살, 네 꿈이 평생을 결정한다》란 책이 한꺼번에 너무 많은 위인들의 이야기를 담느라 단편적인 지식이 많아 아쉽다는 이야기를 참 많이 했지. 그래서 이번에는 한 사람씩 좀 더 구체적으로 네게 소개해 볼까 한단다. 반기문 UN 사무총장의 이야기를 담은 《바보처럼 공부하고 천재처럼 꿈꿔라》는 책처럼 아주 구체적으로 한 인물을 조명해 보고자 해. 기회가 되면 이명박 대통령부터 시작해서 이건희 삼성그룹 회장, 두산그룹의 박승직 회장, 우리나라 최초의 노벨 평화상 수상자인 김대중 전 대통령 등 네가 배울 만한 위대한 대한민국의 인물들을 구체적으로 이야기해 주고 싶구나.

아버지가 네게 이와 같은 이야기를 전하려는 것은 네가 미래를 이끄는 리더로 자라나도록 고무시키기 위해서란다. 언젠가 한 기업이 '고객 감동'이라는 문구를 내걸고 홍보 전략을 펼친 이후 사회 각 분야에서 너도나도 이 문구를 쓰고 있는 것을 보았지. 이것은 고객을 감동시키는 것이 가장 효과적인 사업전략이라는 뜻이야. 그런데 이는 사업에서만 적용되는 게 아니란다. 인간관계의 모든 영역에서 감동이야말로 최상의 가치로 인정받고 있지. 특히 리더십 분야에서는 '감동적인 리더'에 대한 관심이 높아가고 있지만 여전히 우리를 감동시키는 리더의 출현은 멀기만 하단다.

성공지향적인 현대인들에게 '리더', 혹은 '지도자'란 말은 매혹적인 단어지. 그래서인지 너도나도 이 단어들로 치장하기에 바쁘기만 하단다. 하지만 과연 그런 치장이 합당한가에 대해선 의아할 때가 많구나. 특히 사회 모든 분야가 다양해지고 세분화되는 요즘과 같은 시대에 '리더'와 '리더십'으로부터 발생하는 문제는 점점 심각해지고 있지.

비전은 단순히 생각만 하는 것이 아니란다. '관심', '습관', '사전 준비', '전략과 실천' 등 관계 되는 작은 실행들을 통해 비전이 구체화되고 완성되는 것이지.

그러므로 진정한 리더의 삶은 위대하단다. 드라마 같기도 하지. 하지만 이 드라마에는 하나의 큰 줄거리가 있고 그것은 또 여러 개의 작은 줄거리로 세분된단다. 그 줄거리들을 이어 주는 핵심 키워드는 바로 위기와 기회야. 아버지는 이제 고등학교에 들어간 너를 위해 여기 한 시대를 이끌어 왔고 또 앞으로 올 시대를 이끌어 갈 한 사람을 소개하고자 한단다. 그의 이름은 이명박. 신화가 된 사람이지만 그의 말처럼 신화는 그냥 되는 것이 아니라 꿈을 꾸는 것으로 시작되고 꿈을 어루만지면서 다듬어 가고 결국 꿈을 사랑함으로 이루는 것이란다. 이 글을 집필하는 도중에 그가 대한민국의 제17대 대통령으로 당선되었다는 기쁜 소식이 전해졌구나. 한 나라를 책임지는 중책을 맡게 된 것은 참으로 기적과 같은 일이야. 부디 그의 꿈과 노력, 열정이 공부에 지친 너에게 에너지가 되기를 바란다.

2007년 12월을 보내며
이 세상의 아버지들을 대신하여 다시 쓰다

■ 차례

네가 꿈을 꾸면
신화는 계속된다

1

태몽! 치마폭에 보름달을 안다

누구나 태어난 목적이 있다 그것을 소명이라 한다

딸 둘에 아들 둘을 둔 어머니 채 씨는 어느 날 희한한 꿈을 꾸었단다. 밭에 나가 일을 하는데 갑자기 하늘이 캄캄해지면서 밤이 되더니 휘영청 밝은 달이 뜨지 않겠니. 하늘 높이 솟은 달은 순식간에 어머니를 향해 뚝 떨어졌어. 어머니는 깜짝 놀라 엉겁결에 앞치마를 펼쳐 달을 받아냈단다. 치마폭에 떨어진 달이 눈부신 빛을 뿜을 때, 어머니는 잠에서 깨어났어.

꿈을 꾼 지 얼마 되지 않아 정말 어머니에게 태기가 있었어. 열 달을 기다려 사내아이를 낳았는데 생긴 것이 꼭 밝은 보름달을 닮았더란다. 아버지는 얼른 이름을 잘 짓는 어른을 찾아가 '명박(明博)'이라는 이름을 지어왔어. 밝은 달이라는 뜻이었지. 원래 명박의 이름은 남자 형제들의 돌림자인 '상(相)'을 따 '상경(相京)'이라고 지어야 했어. 그러나 어머니가 꾸었던 꿈에 어떤 계시가 있는가 하여 족보에만 상경이라는 이름을 올리고 호적에는 명박이라는 이름을 올렸단다. 결국 명박이란 이름은 순전히 태몽 때문에 지어진 이름이야.

부모는 본래 자식의 이름을 지을 때 자식이 잘 되기를 바라는 마음을 담아 짓는단다. 너도 곧 어른이 되고 부모가 되면 아이들을 낳아 이름을 짓겠지. 그때 어떤 마음으로 아이들의 이름을 지을 것 같니? 오직 아이들이 잘 되기만을 기도하는 마음을 담아 이름을 짓겠지.

보름달은 지금이야 너희에게 별다른 의미가 없을 테지만 아버지가 아직 어렸을 때만해도 달랐단다. 그때는 시골은 물론이고 대도시도 시간제로 전기가 들어오곤 했어. 아랫동네는 저녁 6시부터 밤 10시까지 윗동네는 밤 10시부터 새벽 2시까지 전기가 들어왔지. 어쩔 땐 온종일 전기가 들어오지 않기도 했어. 그러다 보니 밤길을 걸을 때 얼마나 무서웠는지 모른단다. 캄캄하고 으슥한 게 꼭 도깨비가 불쑥 튀어나올 것만 같았지. 하지만 보름달이 뜬 밤에는 달랐어. 휘영청 밝은 달이 밤길을 환히 밝혀 준 덕에 편히 길을 걸을 수 있었거든.

아버지가 생각하기에는 하늘이 명박을 세상에 내려 보낸 것은 그 이름처럼 세상이 어두울 때 사람들이 편히 길을 걸을 수 있도록 세상을 밝게 비추라는 뜻이 아닐까 싶구나. 성경적인 관점에서 볼 때 사람은 모두 이 세상에 나올 때, 한 가지씩 특별한 보내심을 받고 온단다.

아들아! 너도 마찬가지란다. 지금은 네 자신도, 그리고 너를 키우고 있는 이 아버지도 하늘의 뜻을 다 알 수는 없지만 하늘이 우리에게 너를 보내 키우게 하고 교육시키게 하는 것은 다 하늘의 소명이 있기 때문이야. 아버지는 그것을 확신하기 때문에 네게 무한한 믿음과 사랑을 쏟는단다.

죽을 고비를 넘기고 돌아온 고향

일본으로 가서 돈을 벌겠다고 현해탄을 건너간 아버지 덕에 명박은 일본에서 태어났단다. 하지만 우리나라가 해방이 되자 온 가족이 한국에 돌아오기로 했지. 그때가 해방 직후인 1945년 11월경으로 명박의 나이는 불과 네 살이었어. 명박의 가족은 아버지와 어머니, 큰누이 귀선, 큰형 상은, 둘째형 상득, 작은누이 귀애, 그리고 명박과 여동생 귀분까지 모두 8명이나 되는 대가족이었지.

명박의 가족은 일본 오사카에서 짐을 꾸린 뒤 시모노세키 항에서 부산으로 향하는 임시 여객선에 올랐어. 일본에서 온갖 핍박과 설움을 당하며 어렵사리 긁어모은 몇 푼 되지 않는 돈과 남루한 옷가지, 일용품 따위가 전 재산이었단다. 그래도 이나마 먹고 살 준비를 했으니 고향으로 돌아가면 얼마든지 새로이 출발할 수 있을 거란 생각을 했어. 명박의 가족은 그렇게 일본을 떠나 한국으로 향했단다.

그러나 배는 정원을 훨씬 초과했을 뿐만 아니라 수많은 짐짝을 싣고 있어 출항부터 불안했어. 집채만 한 현해탄 파도와 초겨울 거센 바람에 배는 마치 힘없는 낙엽처럼 마구 흔들렸지. 배에 탄 사람들은 배 멀미에 시달리며 매우 괴로워했어. 오로지 고향으로 돌아간다는 일념 하에 간신히 버텼지.

일본을 떠난 다음 날, 대마도 서쪽을 지나면서 부산항이 어렴풋이 보였어. 마침내 그리운 고향으로 돌아간다는 기대감과 두 번 다시 몹쓸 일본인에게 멸시와 질시를 받지 않아도 된다는 안도감으로 모처럼 선실과 갑판은 마냥 들떴지. 그런데 이게 웬일이니. 귀국선이 가라앉기 시작한 거야. 가뜩이나 낡은 배가 암초에 부딪혀 균열이 생기는 바람에 침수하기에 이른 것이지. 결국 귀국선은 대마도를 지나고 얼마 되지 않아 부산의 상징처럼 여

기는 오륙도가 보이는 바다 위에서 그만 침몰하고 말았단다.

귀국선 안은 순식간에 아수라장이 되었고, 사람들은 살기 위해 서로를 부둥켜안고 가족들의 이름을 불렀지. 다행히 구조선이 제때 와서 사람들은 목숨을 건질 수 있었단다. 하지만 명박의 가족을 포함해 배에 탔던 사람들의 짐이 배와 함께 바다 속으로 가라앉았지. 그야말로 맨몸뚱이만 고향으로 돌아온 것이란다.

당시 어렸던 명박은 귀국선 침몰에 대해 또렷이 기억할 수는 없었지만 부모님과 형에게 전해 들어 마음속 깊이 새기게 되었어. 명박이 항상 죽음에 대한 두려움을 이겨 내고 모든 일에 용기와 배짱으로 정면 승부를 거는 것도 이러한 성장 배경과 무관하지 않을 것 같구나.

명박의 가족은 배가 침몰하여 빈털터리가 되었지만 목숨을 부지한 것만 해도 천만다행이라 생각했어. 그러나 명박의 가족을 맞이한 것은 조국의 따뜻한 품이 아니라 가난이라는 지독한 굴레였지. 명박의 표현을 빌리자면 '마치 굴 껍데기처럼 다닥다닥 우리 대가족에게 들러붙은 가난은 내가 스무살이 넘어서도 떨어질 줄을 몰랐다.'고 해.

본래 명박의 아버지(이충우)는 포항에서 북쪽으로 30여 리 떨어진 경북 영일군 홍해면 덕성동 농사꾼 집안의 3형제 중 막내로 태어났단다. 그나마 갖고 있던 작은 땅뙈기는 두 형에게 돌아가고 아버지는 젊을 때부터 고향을 떠나 떠돌았지. 당시 아버지의 삶은 일제 강점기에 나라 잃은 젊은이들의 삶과 크게 다를 바가 없었어. 아버지는 떠돌이 시절에 소, 돼지를 대량으로 키우는 목축 기술을 익혔다고 해.

아버지는 1935년에 고향 친구들 몇몇과 함께 살길을 찾아 일본으로 건너갔어. 아버지는 오사카 근교 목장에 일을 했단다. 새벽부터 우유를 짜고 목초를 베고 축사를 돌보는 일이었어. 고향 땅 머슴살이보다 더 고달프고 서러운 생활이었단다. 하지만 아버지는 일본에서의 고달픈 생활을 묵묵히 이겨냈어. 성실하게 일하면서 틈틈이 저축도 했지.

그러다 천신만고 끝에 돌아온 고향 땅. 하지만 고생은 끝나지 않았단다. 이승만 정권 때 시행된 토지개혁으로 인해 일본에서 모아 두었던 돈으로 산 땅(아버지의 형님 이름으로 사둔 땅)을 되찾을 수가 없게 된 거야. 다시 빈털터리가 된 아버지는 고향인 덕성리를 뒤로 하고 포항에서 새롭게 시작하기로 했단다.

가난해도 불의와 타협하면 안 된다

명박의 아버지는 초등학교만 졸업했고, 배운 것이라고는 목부 일밖에 없었지. 그래서 동지상고 재단 이사장이 운영하는 목장에서 일을 시작했단다. 하지만 목부 일은 너무 고단했고 수입이 터무니없이 적었어. 아버지는 결국 여러 물건을 지고 다니며 장터에서 파는 일을 선택하셨지.

그렇게 힘든 와중에서도 아버지는 가정교육을 철저히 하셨단다. 아무리 어려운 상황이라 해도 언제나 형제간 우애를 지키고 부모에게 순종해야 한다고 가르치셨지. 유교적 전통과 가치관이 몸에 밴 아버지는 고지식한 면이 있으셨나 봐. 그래서인지 돈을 모으는 데는 별로 소질이 없으셨어. 사실 가난한 집안의 가장이 권위를 지키는 일은 결코 쉽지 않지. 무기력에 시달리다 술에 의존하거나 폭력을 행사하기 일쑤거든. 하지만 아버지는 한 치도 흐트러지지 않는 분이셨어. 궁핍함 속에서도 가장의 권위를 엄격하게 지키셨단다. 이것은 명박이 올곧은 사람으로 자라

나는 밑바탕이 되었어.

그렇게 어려운 생활을 한 지 5년 정도 지나자 겨우 삶의 터전을 마련할 수 있었지. 하지만 기쁨도 잠시였어. 6.25가 또다시 모든 것을 앗아가 버렸거든. 낙동강 방어선의 동쪽 끝이었던 포항은 인민군과 국군의 치열한 격전지였지. 6.25는 아버지뿐 아니라 많은 사람들의 삶의 터전을 빼앗아 버렸어.

인민군이 포항을 점령했을 때의 일이란다. 명박의 가족은 가까운 흥해면으로 피난했지. 하지만 아버지는 돌보던 가축을 지키기 위해 목장을 떠나지 않았단다. 주인은 이미 도망가고 없었지만 아버지는 끝까지 책임지고 목장을 지킨 거야.

전쟁이 진정되고 가족들이 다시 포항으로 모였을 때, 명박의 가족은 정말 가진 것이 아무것도 없었단다. 그때 명박은 겨우 초등학교 저학년이었지. 하는 수 없이 명박은 아버지를 따라 영덕, 흥해, 안강, 곡강 등 포항 인근의 장터를 돌아다니며 일했단다.

이때 아버지는 이북 피난민의 주선으로 옷감 장사를 시작했어. 이북에서 내려 온 옷감 장수는 비단을 팔 때 자를 조금씩 겹치게 재라고 일러 주었단다. 그리고 남는 걸 덤으로 얹어 주어야 한다고 했지. 결국 여섯 자를 파는 것인데 몇 치쯤 더 얹어 주는 걸로 알게 하는 속임수로 일종의 얄팍한 장사 요령이었어. 하지만 아버지는 끝내 그 말을 따르지 않았단다. 정직하게 길이를 쟀고, 거기에 진짜 덤을 얹어 주었지. 거기다 외상을 원하는 사람들에겐 이름이나 주소도 묻지 않고 외상으로 해 주었지. 이처럼 아버지는 자신을 속일 수 없던 성격이었고, 남들도 자신과 같을 것이라 믿으셨단다. 다시 말해 '신용'을 믿으신 거야. 하지만 이익을 내지 못하고 외상값을 제때 받지 못하니, 결국 옷감 장사를 접을 수밖에 없었지.

여전히 가난한 살림이었기 때문에 어머니도 일터에 나설 수밖에 없었단다. 당시 어머니의 꿈은 수재였던 둘째(이상득 국회 부의장)를 성공시키는 것이었대. 한 명이라도 확실하게 성공하면 다른 형제들을 도울 수 있을 것이라 생각하신 거지.

자연히 나머지 자식들은 먹고 입히는 것 외에는 뒷전으로 밀려날 수밖에 없었단다. 명박의 가족에게 굴 껍데기처럼 다닥다닥 붙어 있는 가난과의 싸움은 이때부터 소년 명박을 떠나지 않는 문제였어.

명박은 돈을 벌 수 있는 일이라면 어떤 일이건 가리지 않았단다. 건강보다는 일과 돈이 우선이었지. 이것은 후일 현대그룹에 취업한 뒤에도 이어졌어. 명박은 돈을 벌기 위해 끊임없이 해외를 돌아다녔지. 당시 가난이라는 문제는 자기 가족만의 문제가 아닌 대한민국 모든 가족의 문제이기도 했기 때문이었단다.

그런 삶을 살아온 명박이기에, 명박을 아는 사람들은 명박이 정치가가 된다면 경제적인 분야만큼은 남다를 것이라는 기대를 하는 것이지.

아버지는 네게 말하고 싶구나. 하늘이 내는 위인은 쉽게 되는 것이 아니란다. 지독한 가난, 불우한 어린 시절 등 남다른 시련과 고난을 가지고 있지. 명박처럼 불우한 어린 시절을 보낸 위인들은 너무나도 많단다.

칭기즈칸, 나폴레옹, 우리나라의 반기문 유엔 사무총장 같은 이들도 어려운 어린 시절을 보낸 사람들이지. 바로 이 어린 시절의 힘들고 어려웠던 기억들이 후일 그들로 하여금 언제든지 처음부터 다시 시작할 수 있다는 배짱과 용기를 주었고 어떤 어려움이 닥쳐도 굴하지 않는 신념을 갖게 했어.

우리 주위에도 힘들고 어려운 형편 때문에 도시락을 못 싸 오고, 참고서 하나 가지지 못한 친구들이 많단다. 하지만 **꿈을 갖고 꿈에 대한 신념을 가진 친구들에게 가난은 넘어서야 할 장애물일 뿐이란다. 문제는 지금 자신이 할 수 있는 최선을 다할 수 있느냐는 것이지.**

2

좋은 역할 모델을 만들어라

이웃에게 봉사하되 대가를 바라지 말라

사람은 어릴 때 배운 가르침이 평생의 잣대가 되는 법이란다. 그래서 예로부터 진정한 교육은 가정에서부터 시작되어야 한다고 했지. 소년 명박 역시 어머니에게 받은 가르침이 평생의 지침이 되었다고 해. 이처럼 사람은 어릴 때 일생의 기초를 닦아 두어야 한단다. 나이가 차기 전에 옳고 그른 것을 가리는 법을 배우지 못한다면 평생 가치관이 뒤떨어진 사람으로 살 수도 있기 때문이야.

소년 명박의 어머니는 항상 이런 말씀을 하셨대.

"이웃이 친척보다 가까운 법이다."

어머니는 이웃에 경조사가 있을 때마다 이 말씀을 하시며 망설임 없이 이웃을 도우셨고, 명박에게도 똑같이 가르치셨단다. 장사를 하셨던 어머니는 같은 장사꾼들 사이에서도 근면하기로 정평이 나 있는 분이셨지. 언제나 시간이 부족하셨을 텐데도 이웃을 위한 일에는 항상 앞장 서셨어. 하지만 일을 도와주되 물한 모금도 얻어먹지 않으셨어. 어머니는 명박에게 가난한 사람이 누군가 도와주기만을 기다리고 있다가는 평생 스스로 가난에서 벗어나지 못한다고 말씀하셨단다. 그리고 비록 가난하더라도 항상 떳떳하고 당당하게 살 것을 강조하셨지.

후일 명박은 서울 시장이 되었을 때 열린 한 집회에서 이런 어머니를 회고하며 말했단다. 지독하게 가난했던 어린 시절 가장 큰 힘이 되었던 것은 독실한 기독교 신자인 어머니였다고 말이야. '어머니가 아니었다면 우리 가족은 가난의 무게를 이기지 못해 주저앉고 말았을 것입니다.'라고 말할 만큼 명박에게 어머니는 누구보다 위대한 분이셨지.

명박이 중학생일 때 있었던 일이야. 하루는 어머니가 명박을 잔칫집으로 보내며 말씀하셨어.

"너도 이만큼 컸으니 남을 위해서 일할 줄도 알아야 한다. 오늘 기름집 큰딸의 혼례가 있는 날이니 가서 일을 도와주고 오너라."

소년 명박은 잔칫집에 가서 일을 돕고 음식을 실컷 얻어먹고 오라는 뜻인 줄 알았다고 해. 당시 명박의 집에 있는 먹을거리라고 해 봐야 양조장에서 술 내리고 남은 술지게미뿐이었지. 그것도 가장 질이 나쁜 것이었고 끼니를 위해 죽을 끓여서 먹었단다. 그런 명박에게 잔칫집의 음식을 먹을 수 있다는 것은 생각만 해도 기분 좋은 일이었지. 그러나 어머니는 들뜬 마음으로 집을 나서는 명박에게 말씀하셨어.

"남의 집 일을 도울 때는 열심히 해야 한다. 그리고 절대 물 한 모금도 얻어먹어서는 안 된다."

명박은 어머니의 말씀에 실망했지만 그대로 따를 수밖에 없었지. 초라한 행색을 한 어린 학생이 잔칫집 문을 두드리니 일을 시켜주기는커녕 문전에서 퇴짜를 맞을 때도 있었단다. 하지만 명박은 굴하지 않고 언제나 새로운 잔칫집이 생기면 가서 일을 도왔지. 어떤 날은 집주인의 눈을 피해 들어가 동네 아주머니들이 시키는 일을 하다가 일이 끝나면 도망치듯 나오기도 했지.

소년 명박은 어머니가 자신에게 왜 그런 일을 시키시는지 궁금했지. 그리고 얼마 뒤, 명박은 어머니의 깊은 뜻을 깨닫게 되었단다. 그날도 명박은 집주인에게 인사도 제대로 못하고 들어가 묵묵히 일을 돕고 있었어. 그런데 누군가 명박을 지켜보고 있는 것 같아 돌아보니 주인집 아주머니였어. 명박은 감시받고 있는 듯했지만 신경 쓰지 않으려고 더 열심히 일했단다. 일이 거의 끝나고, 여느 때처럼 슬그머니 집으로 돌아가려고 할 때 주인집 아주머니가 명박을 불러 세웠지.

"애야, 너는 어린아이가 어떻게 남의 집 일을 그렇게 열심히 돕니? 더군다나 음식에는 손도 대지 않더구나. 배고프지 않았니?"

아주머니는 귀한 손님에게 주듯 정성스럽게 싼 음식을 명박에게 내밀었단다. 명박은 기뻤지만 차마 음식을 받을 수 없었지. 어머니가 물 한 모금도 얻어먹지 말라 하셨는데 어떻게 감히 음식을 얻어 가겠니. 정중히 사양하고 서둘러 인사만 하고 집을 나섰지. 명박은 그제야 어머니의 가르침을 조금이나마 이해할 수 있었단다.

'그래, 진정한 봉사란 대가를 바라지 않는 거야. 부자만 가난한 사람을 도울 수 있는 게 아니지. 봉사는 남을 위한 마음으로 하는 거야.'

하지만 어머니가 명박에게 알려 주고 싶으셨던 '대가를 바라지 않는 봉사'는 결코 쉬운 일이 아니었단다. 마음은 언제나 뿌듯했지만 맛있는 음식 냄새를 참으며 일하기는 정말 힘들었지. 일을 끝내고 집으로 돌아갈 때면 배가 너무 고파 위장이 뒤틀릴 것같이 괴로웠다고 하더구나. 그런 명박에게 충격을 안겨 준 책이 있었단다. 그것은 바로 알베르트 슈바이처의 전기였어.

슈바이처는 어머니의 가르침과 같은 희생적인 사랑을 평생 실천한 사람이었지. 하루하루 살아가는 것조차 버겁던 명박에게 슈바이처는 차원이 다른 삶을 보여 주었어. 슈바이처는 30세까지 학문과 예술을 위해 살았고, 그 뒤에는 직접 인류에 봉사하겠다는 결심을 하고 의학 공부를 시작했지. 그리고 아프리카로 가서 가난과 질병으로 고통 받는 사람들을 위해 살며 의술과 사랑을 실천했단다. 심지어 이런 일도 있었지. 슈바이처는 노벨평화상 수상자로 선정되었을 때도 환자를 한 사람이라도 더 돌볼 수 있는 시간이 소중하다며 수상식 참석을 거절했어. 아는 것을 그저 지식으로 끝내는 것이 아니라 인류를 위해 실천하고자 했던 슈바이처의 삶은 이명박에게 큰 가르침이 되었단다.

고귀한 꿈은 꼭 이루어진다

얼마 전 신문을 보다가 눈물을 흘린 적이 있단다. 마치 아버지의 옛 모습을 보는 것 같아서였지. 한 공업학교에 다니는 1학년 학생이 일본어 경시대회에서 1등을 했다는 기사였어. 많은 외국어 고등학교 학생들과 인문계 학생들을 물리치고 공고에 다니는 학생이 1등을 했다니 모두 놀라워했지. 그 학생은 중학교 때까지는 공부에 흥미가 없어 놀기만 했고 성적은 항상 하위권이었다는구나. 하지만 고등학교에 입학한 뒤에 달라져야겠다고 생각하고 목표를 정해 공부를 했다고 해. 하루에 4시간씩 자며 공부에 매달렸고 그 결과 전교 1등을 하게 되었대. 그런데 그것만으로는 성이 차지 않았는지 일본어에 도전한 거야. 피 나는 노력의 끝에 얻은 결실이 바로 경시대회 1등이었지. 이 학생이 꿈을 꾸고 도전하기를 망설이지 않았기 때문에 이런 놀라운 결과를 거둘 수 있었던 거야. 사람들은 누구나 말한단다.

"나도 꿈이 있어."

하지만 그 꿈 이야기를 들어 보면 매우 허황되고 뜬구름 잡는 식이 많지. 비전(vision)이란 손에 잡을 수 있을 만큼 구체적이어야 한단다. 옛 속담에 '움직일 줄 모르는 호랑이는 벌만도 못하다'는 말이 있어. 호랑이의 기개와 용모를 갖추었다 하더라도 꿈이 없거나 꿈은 있되 이룰 수 있는 구체적인 지도를 가지고 있지 못하면 종이호랑이에 불과하지. 그러므로 보다 구체적으로 이룰 수 있는 꿈을 가져야 한단다. 다시 말해, 꿈을 이루는 지점까지 가는 명확한 지도가 있어야 해. 구체적으로 어떤 목표를 향해 갈 것이며 그러기 위해서는 뭘 해야 하는지를 알아야만 하지. 그러지 못하다면 그 꿈은 한낱 몽상에 불과한 것이란다.

자! 그렇다면 비전을 갖기 위해서는 어떻게 해야 할까?

먼저 비전이란 무엇일까? 보는 순간 가슴이 울렁거리고, 눈이 밝아지면서 '아! 저것이다.'라고 말할 수 있는 정말 하고 싶은 일,

하면 잘 할 수 있는 일. 아버지는 그것이 비전이라고 생각한단다. 비전이란 고귀한 꿈이야. 돈을 많이 벌지 못하더라도 꼭 해야 하는 일, 하고 싶은 일. 인기를 얻지 못해도 꼭 해야만 하는 그 일이 너의 가슴을 뛰게 하고 네 마음을 움직이게 할 수 있단다.

비전. 즉 가치 있는 꿈을 갖기 위해서는 어떻게 해야 할까? 꿈은 보통 어릴 때 많이 갖게 되지. 아이들은 좋은 역할 모델이 있을 때 그것을 보고 자라면서 긍정적인 자아상을 형성하게 된단다. 그러니 네 주위에 그러한 좋은 역할 모델을 찾아 본을 삼는 것이 좋을 거야.

아주 어릴 때에는 가장 가까운 어머니나 아버지가 그 역할 모델이 되겠지만 좀 더 크게 되면 자신의 꿈에 따라 좋은 역할 모델을 찾아야겠지. 학교 선생님, 책을 읽다 발견한 위인들이 그런 역할 모델이 될 수 있어. 만약 엔터테인먼트 쪽에 꿈을 가진다면 훌륭한 연기자나 연예인들이 좋은 역할 모델이 되겠지.

가치 있고 고귀한 꿈. 비전을 갖기 위해서는 자신이 꿈을 꾸어야 한단다. 그 뒤엔 자신에게 맞는 역할 모델을 찾는 것이 무엇보다 중요하지. 올바른 역할 모델이 있을 때 그것을 지표 삼아 한발 한발 구체적인 발걸음을 할 수 있기 때문이야. 너희 나이에 맞고 너희 꿈에 꼭 필요한 역할 모델을 잘 보고 꿈을 구체화할 수 있길 바란다.

꿈보다 중요한 것은 인격

3

마음에 품은 씨앗대로 열매를 맺는다

말로만 하는 사랑은 조그마한 사랑이야. 시간과 재물을 들이는 사랑도 결코 큰 사랑이 아니지. 자기 온 생애를 바치는 사랑의 크기에 무엇을 비교하겠니. 명박은 정치에 나서며 어머니와 슈바이처를 떠올렸다고 해. 그 전까지는 자신과 가족, 자신이 속한 조직을 위해 살았다고 하더구나. 하지만 정치에 나서면서 이제는 자신이 가진 것, 자신이 경험한 것 등 그가 살면서 얻은 모든 지혜를 남을 위해 쓰기로 결심했다고 했지. 명박이 서울 시장으로 지내는 4년 동안 월급을 받지 않은 것도 봉사로 생각했기 때문일 거야.

'당신은 진정으로 행복했습니까?'라는 질문에 '이 세상에 아무것도 바라지 않고 일한다는 것, 그것이 진정한 행복입니다.(To work in the world, asking for nothing, that is true happiness)'라고 답했던 슈바이처처럼 명박이 대가 없는 봉사를 실천하며 진정한 삶의 방향을 찾았다는 것은 너희가 정말 다시 한 번 음미하고 가슴에 새겨야 할 교훈이란다.

명박이 살아가면서 양심을 지키고 그 무엇보다 원칙을 중시하는 사람이 될 수 있었던 것은 명박의 아버지가 행동으로 보여 준 가르침 덕분이었어. 사실 명박의 아버지는 젊은 시절 교회를 다닌 적이 있단다. 하지만 스물여덟 살 때 목사와 크게 언쟁을 벌인 뒤 다시는 교회를 나가지 않으셨다는구나. 당시 시골 교회에서는 추수감사절에 헌금 이외에도 곡식으로 감사 헌금을 하곤 했단다. 그런데 목사가 돈이나 곡식을 낸 사람들의 이름만을 특별히 불러 축복 기도를 한 거야. 아버지는 목사에게 따지셨지.

"왜 돈이나 곡식을 낸 사람만을 위해 기도를 합니까? 내고 싶어도 내지 못하는 사람들을 위해 더 간절한 기도를 해 줘야 할 것 아닙니까!"

아버지는 예수의 사랑을 속물적인 물욕으로 호도하는 목사를 용서할 수 없으셨어. 아버지는 그렇게 교회와 멀어지셨지만 가족들이 교회에 다니는 것을 말리지는 않으셨어. 물론 어머니의 굳은 신앙에 대해서도 일절 간섭하지 않으셨지.

명박은 아버지를 보며 양심을 속일 수 없는 사람은 원리 원칙에 벗어난 행동을 할 수 없다는 사실을 깨달았대. 원리 원칙은 가장 단순한 논리이지만, 가장 힘이 있다는 것도.

훗날 이야기지만, 아버지는 결국 신앙인으로 되돌아왔다고 해. 큰 교회는 싫다고 작은 교회에 다니시며 봉사 활동도 하시고, 얼마 되지는 않지만 재산의 일부도 헌금으로 내놓으셨지. 그리고 그 교회 목사와 친해져 함께 바둑을 두며 노년을 보내셨다는구나. 아버지는 그 교회에서 세례를 받은 지 일주일 만에 조용히 숨을 거두셨단다.

아버지의 올곧은 원칙, 어머니의 헌신적인 사랑과 가르침은 소년 명박의 가슴에 아로새겨져 명박이 평생 지켜 나가는 신념이 되었단다. 혹시 너희도 어머니와 아버지에게 배운 것을 늘 가슴에 새기고 있는지 묻고 싶구나. 사람은 그 마음에 품은 씨앗대로 열매를 맺으며 사는 법이란다. 너희 속에 악하고 게으르며 자기만을 사랑하는 마음이 가득하다면 어떻겠니? 너희가 아무리 남을 위해 살고자 해도 너희 마음이 따라 주지 않아 힘들 거야.

하지만 스스로 살펴서 자기 마음속에 올곧고 헌신적인 사랑을 간직한다면 향기로운 꽃은 숨겨도 향기가 나듯 너희도 드러내지 않아도 아름다운 사람으로 살게 될 것이란다. 이러한 가치관의 형성은 공부를 잘하는 것보다 더 중요한 일이야. 훌륭한 사람이란 능력보다 성품으로 더 드러난다는 것을 깨닫기 바란다.

실패는 성공의 부산물이다

많은 경험을 쌓게 되면 생각이 남 다르게 커진단다. 생각의 힘, 곧 심력(心力)이 커지면 눈앞의 작은 성취나 성공에 연연하지 않게 되며 교만하지 않게 되지. 좀 더 큰 목표를 향해 나아가는 과정 속에는 성공도 있고 실패도 있다는 것을 알기 때문이야.

하지만 심력이 아무리 커져도 마지막 단계인 점화의 단계, 즉 엄청난 힘을 가진 로켓이라도 불을 붙이지 않으면 발사할 수 없듯 생각을 행동으로 옮기는 실천력이 없으면 무용지물이란다. 그래서 행동으로 옮기는 힘이 중요하지.

'생각이 바뀌면 행동이 바뀌고, 행동이 바뀌면 습관이, 습관이 바뀌면 인격이 바뀐다. 그리고 인격이 바뀌면 인생이 바뀐다.'

매우 멋진 말이라고 생각되지 않니? 그러나 생각에서 행동으로 바뀌는 과정은 참으로 어려운 과정인 것 같구나. 다양한 경험을 쌓아야 할 이유가 바로 여기에 있단다. 많은 경험을 위해 시간을 투자한 사람은 사물을 보는 눈이 틀려지는 법이지.

그러면 실천을 위한 점화(點火)의 힘은 어디에서 얻을 수 있을까? 아버지는 결심만 하는 바보가 아니라 실패하는 경험자가 되겠다는 생각을 가질 때 가능하다고 생각한단다. 이 세상에서 실패자가 되고 싶은 사람은 하나도 없어. 누구나 자기 인생을 성공적으로 살고 싶어 하지. 그럼에도 불구하고 많은 사람들이 실패자로 살아가고 있는 것이 사실이야. 그것은 실패해서는 안 된다는 강박 증상이 가장 큰 이유 같구나.

강박 증상이 심해지면 실패가 두려워 무엇인가를 시작해 보기도 전에 포기하게 된단다. 예를 들면, 집에서 노래를 잘 부르던 사람이 어떤 모임에 가서 노래를 부르려고 하면 잘 부르지 못하는 경우가 많지. 그것은 지나치게 잘 부르려는 것과 완벽하게 부르지 않으면 안 된다는 생각이 역효과를 낸 거야. 그러다 보면 자연히 사람들 앞에서 노래 부르려 하지 않게 되지. 연습할 때에는 우수한 실력을 보이다가도 시합에서 번번이 지는 경우도 마찬가지란다.

하지만 실패하는 것이 두려워 시작하는 것을 망설이면 무엇도 성공할 수 없어. 무엇인가에 도전했을 때는 성공과 실패의 가능성이 50:50이지만 포기했을 때에는 100%의 패배지.

실패는 성공의 과정에서 나타나는 부산물이란다. 다음에 나오는 에디슨의 이야기를 읽고 성공과 실패에 대해 한번 생각해 보렴.

어느 날 신문기자가 에디슨을 찾아왔어. 당시 에디슨은 축전지를 만드는 과정을 연구하고 있었지. 그것을 아는 신문기자가 물었어.

"축전지를 만들 때 납 대신 다른 물질을 이용하면 안 될까요?"

"나는 그 대체 물질을 찾느라고 2만 번이나 실험을 했습니다."

신문기자는 2만 번이라는 숫자에 매우 놀랐어.

"2만 번이나 실험을 하면서 아무것도 발견하지 못하셨다니 실망이 매우 크셨겠네요. 모든 노력이 헛되었으니 말입니다."

그러자 에디슨이 정색하며 대답했어.

"헛되다니요. 나는 2만 번의 실험에서 실패했기 때문에 그 2만 개의 방법이 축전지를 만들 때 부적합하다는 것을 알았습니다. 그것만으로도 나는 성공한 셈이지요."

이 이야기를 통해서 무엇을 깨달았니? 다시 한 번 말하지만 큰 바보는 이 세상에서 시작도 결심도 하지 않는 사람이란다. 작은 바보는 결심은 잘 하는데 중간에서 끝내는 사람이지. 큰 바보와 작은 바보의 차이점은 무엇일까?

미안하지만 없단다. 둘 다 바보이고 낙오자일 뿐이다!

4
환경은 나를 키우는 장치일 뿐이다

어릴 때 슬픈 기억이 꿈을 키우다

우리나라의 경제 개발을 이야기할 때 빼놓을 수 없는 회사가 있지. 어느 회사냐면 현대란다. 현대는 고(故) 정주영 회장이 세운 회사지만 현대가 성장하는 데는 이명박이 큰 역할을 했다는 것을 부정할 사람은 그리 많지 않을 거야. 아버지는 정주영 회장이 만든 기초를 토대로 현대를 크게 성장시킨 사람이 이명박이라고 생각한단다.

소년 명박이 훗날 대학을 졸업하고 건설 회사에 들어가서 나라를 부강하게 만드는 일에 큰 역할을 할 수 있었던 것은 어릴 때 슬픈 기억 때문이란다.

명박이 초등학교에 입학한 해였어. 그때는 온 나라가 전쟁에 휩싸여 있을 때였지. 명박은 큰아버지 댁으로 피난을 갔단다. 목장에서 일을 하시던 아버지는 고향에 남아야 했기에 대신 어머니가 여섯 남매의 생계를 꾸려가야 했어. 어머니는 재래시장 한편에서 좌판을 깔고 과일을 파셨지. 막내 상필이는 그 난리통에 태어났단다.

시장에 나가 일을 해야 하는 어머니 대신 귀애 누이가 막내 상필이를 돌보았어. 유난히 무덥고 지루한 여름날, 막내 상필이는 언제나 젖이 모자라 칭얼거리며 엄마를 찾았지.

그날도 귀애 누이는 상필이를 등에 업고 달래주느라 진땀을 흘리고 있었단다. 바로 그때였어. 갑자기 비행기 소리가 들리더니 순식간에 우박 떨어지는 소리가 머리 위로 쏟아졌어. 명박은 깜짝 놀라 귀를 막고 엎드렸지. 그렇게 얼마나 지났을까?

엄청난 폭음이 지난 뒤, 명박이 고개를 들자 눈앞에 믿을 수 없는 광경이 펼쳐졌어. 귀애 누이와 막내 상필이가 온몸에 화상을 입고 피투성이가 되어 쓰러져 있었지 뭐야. 명박은 너무 놀라

고 겁이 나서 꼼짝할 수 없었지. 겨우 여덟 살이었던 명박은 이
후 어떤 일들이 벌어졌는지 자세히 기억할 수 없었지만 어머니
가 마치 실성한 사람처럼 뛰쳐나가 쑥을 구해온 것은 생각난대.

전쟁통에 병원에 가거나 약을 구한다는 것은 꿈도 꾸지 못할
일이야. 어머니는 쑥을 찧어 누이와 동생의 온몸에 발라 주었어.
나중에 안 일이지만, 간밤에 인민군이 마을에 들어왔다는 정보

를 입수한 미군이 폭격한 것이었대. 어머니는 누이와 막내 동생을 비롯해 남매들을 안전한 곳으로 옮겼단다. 하지만 쑥을 찧어 발라 주는 것 외에 아무런 치료를 받을 수 없었던 누이와 막내 동생은 상태가 점점 나빠졌지.

어머니는 무더운 여름날, 아무것도 드시지 않고 주무시지도 않으면서 지독한 고통에 신음하는 두 자식 곁을 지켰단다. 그러나 귀애 누이와 막내 상필이는 끝내 두 달 만에 어머니의 간절한 기도를 뒤로 하고 세상을 떠나고 말았지.

소년 명박은 여름날 비참한 모습으로 누워 있던 귀애 누이와 막내 상필이, 그리고 고통스러워하시던 어머니의 모습이 가슴 깊이 박혔어. 점점 나이를 먹고 자라면서 생각하고 굳게 결심했지. 나라가 어지러우면 백성이 배를 곯고 난리 통에 죽게 되니 세상에서 무엇보다 중요한 것은 어지럽지 않은 세상을 만들어야 한다는 것. 바로 그러한 세상을 만들 꿈을 꿔야 한다고 말이야.

개천에서도 용은 날 수 있다

슬프고 괴로운 일을 겪으면서도 명박은 얼굴과 행동에 구김

이 없었어. 주위 친구들도 명박이가 그렇게 어렵게 사는 줄 몰랐을 정도였지. 친구들이 집에 놀러 가면 어머니가 늘 웃는 얼굴로 반겨 주셨어. 그때는 대부분 부모가 잘 살든 못 살든 집에 아이들이 놀러 오는 것을 귀찮아했지만 명박의 어머니는 다르셨어.

하루는 고등학교 친구인 창대가 명박의 집에 놀러 왔어. 창대는 집에서 키운 배추를 두 포기 뽑아 명박의 어머니에게 가져다 드렸대. 그랬더니 명박의 어머니는 다음 날 창대를 불러 쌀밥과 배춧국을 주셨다는구나. 창대가 훗날 회고하기를, '보리밥도 귀한 시절인데 어려운 살림에 아들 친구를 그렇게 대접해 주는 어머니는 없었다.'고 했단다.

소년 명박이 그토록 어렵게 자랐어도 자신 있고 긍정적 성격을 가질 수 있었던 것은 이런 어머니의 영향이 컸어. 어머니의 일과는 새벽 4시 기도로 시작됐어. 어머니의 기도를 들으며 명박은 가난이란 불편할 뿐이지 부끄러워할 것이 아니라는 것을 어려서부터 깨달았어. 또 어머니는 그 어려운 상황에서도 명박에게 대가 없이 남을 도우라는 말까지 했을 정도니 그 신앙이 어떠했겠니? 어머니의 신앙심은 결국 명박에게 자신보다 돈이 많은 사람도 떳떳하게 도울 수 있다는 자부심을 가르친 거야.

당시 명박의 성적은 반에서 늘 3등 안에 들 만큼 우수했고, 유독 글씨를 잘 써 다른 아이들을 가르칠 정도였다고 해. 하지만 너무나도 가난했기에 명박은 중학생 시절, 학교에 다니는 시간을 제외하고는 어머니를 따라 시장으로 장사를 따라 다녀야 했지. 명박이 중학교 때부터 살았던 포항시 덕산동 686번지는 일제 강점기 때 절이었던 곳으로 아직도 개발되지 않은 채 남아 있을 정도로 낙후된 동네란다.

명박의 가족은 다닥다닥 붙은 여섯 칸 집 중 한 칸에 세 들어 살았어. 부엌도 없는 작은 집으로 가로로 쪽방 두 개가 연결되어 있었지. 지금은 문 앞에 있는 연탄아궁이에 칸막이가 생겨 간이 부엌처럼 개조되어 있지만 당시는 바람 한 점 피할 수 없는 곳에서 밥을 해야 했어. 명박이 살았던 집은 아직도 헐리지 않고 남아 있어 잘 보존된 영화 세트장 같은 느낌을 줄 정도래.

흔히 개천에서 용이 나기 힘들다고 하지. 하지만 아버지도 개천에서 난 사람이었단다. 소년 명박보다는 조금 나았겠지만 그것은 20여 년의 시간 차에서 오는 차이일 뿐이지 삶의 고단함은 대동소이했어. 물론 아버지는 지금 용이 아니야. 하지만 아버지가 살았던 달동네 친구들이 지금도 한결같이 가난을 대물림하며 사는 것을 보고 있노라면 아버지는 순전히 의지로 그곳을 나왔고 가난을 극복했으며 남부럽지 않은 성공을 거두었다고 할 수 있단다. 이로 보건대 환경이 사람을 나쁘게 만든다고 할 수 없다는 결론을 내렸지. 적어도 하늘이 개인에게 주신 하루라는 시간은 공평하기 때문이야. 그 하루를 어떻게 쓰느냐에 따라 사람의 평생이 달라진단다.

하루는 86,400원이다(?)

시간을 허비하는 것은 막대한 재산을 탕진해 버리는 일보다 더 어리석단다. 지금을 어떻게 보내느냐에 따라서 미래는 하늘과 땅만큼 크게 달라지지. 오늘 1분을 우습게 여기는 사람은 내일 1분 때문에 울게 될 거야.

만약에 너희에게 아침마다 86,400원을 입금해 주는 은행이 있다면 어떨까? 하지만 그 계좌는 잔액이 남아도 다음 날로 넘어가지 않아. 다시 말해 그날 안으로 86,400원을 다 써야 하지. 너회라면 어떻게 할까? 당연히 그날 모두 인출해야 할 거야.

시간은 우리에게 날마다 써야 하는 86,400원과 같단다. 사람은 누구나 날마다 86,400초라는 시간을 신으로부터 부여받지. 시간의 은행은 아침마다 우리에게 새로운 돈을 넣어 주고 밤마다 그날 남은 돈을 남김없이 사라지게 해. 그날 받은 돈을 모두 사용하지 못했다면 너희만 손해 보게 된단다.

일 년의 가치를 알고 싶다면 낙제해서 유급을 당한 학생에게 물어보아라. 얼마나 힘들고 어려운지.

한 달의 가치를 알고 싶다면 미숙아를 낳은 어머니를 찾아가 물어보아라. 얼마나 마음이 아픈지.

한 주의 가치는 신문 편집자들에게 가서 물어보면 알 수 있단다. 한 시간의 가치는 사랑하는 언니, 오빠들에게 찾아가 물어보아라. 일 분의 가치는 열차를 놓친 사람에게, 일 초의 가치는 목숨과 바꿀지도 모를 아찔한 사고를 순간적으로 피할 수 있었던 사람에게 물어보면 알 수 있지.

아버지는 너희가 너희에게 주어진 모든 순간을 소중히 여기며 오늘을 보내기를 바란단다. **우리는 현재(present)를 선물**

(present)이라고 부르지. 오늘은 그냥 하루가 아니라 하늘이 내려 준 귀중한 선물이기 때문이야.

안재현 님이 쓴 《성공노트》란 글을 보면 이런 내용이 있어.

시간에 있어서 뿐 아니라 삶을 살아가는 데 있어서도 넌 네 인생의 최고경영자가 되어야 한다. 스스로 '나는 내 삶의 1인 기업가이다'는 것을 항상 명심해야겠다. 시간을 소홀히 하지 않으며 그 시간을 소중하게 생각하는 사람, '할 수 없다'라는 부정적인 생각보다는 '할 수 있다'라는 긍정적인 생각으로 나 자신을 격려하고 힘과 용기를 잃지 말아야겠다. 내게 주어진 삶은 내가 개척하고 내가 만들어 나가야 하는 것이다. 누가 대신 내 인생을 살아 주지 않는다. 모든 일은 나로부터 시작되고 바로 내가 그 문제를 해결해야 하는 것이다. 내가 해결하려고 뛰어다닌다면 결국은 좋은 결과를 얻을 수 있을 것이다. 하지만 걱정하고 근심하고 생각만 하고 있다면 나는 주저앉고 말 것이다. 더 높은 삶을 위하여 빛나는 삶을 위하여 큰 뜻을 품자.

어렵거나 귀찮은 일에 부딪치더라도 피하지 마라. 하나씩 이겨 나가다 보면 점점 수월하게 해결할 수 있단다. '나는 할 수 없어.'라고 생각하면 정말 그 일을 할 수 없지. 그러나 '아냐, 나는 할 수 있어.'라고 자신감을 갖고 노력하면 무엇이든지 해낼 수가 있단다.

기억하렴. 노력하는 사람만이 원하는 것을 얻을 수 있단다. 자신의 힘을 기르고 빛나는 삶을 펼쳐 나가겠다는 뜻을 품어라. 그리고 무엇을 하든지 적극적으로, 역동적으로, 창의적으로 하려무나.

큰 꿈을 가지고 오늘도 역동적인 삶을 살아가자! 내 인생의 가장 아름다운 순간으로 기억되는 하루하루를 만들어 보자! 나를 디자인하고 나의 브랜드 가치를 한층 높이는 하루가 되도록 하자! 오늘도 웃으면서 하루를 시작하고 힘차게 화이팅하자!

5

소신대로 행동해라

쌀밥 대신 술지게미를 먹어야 했던 소년

"아니, 이게 무슨 냄새야!"

선생님은 소년 명박의 얼굴에 코를 들이밀고 냄새를 맡으시더니 이내 미간을 찌푸리며 버럭 화를 내셨지.

"이거 술 냄새 아냐? 학생이 대체 어디서 술을 마시고 얼굴이 벌개져서 나타난 거야?"

선생님은 불량학생을 대하듯 눈초리를 치켜뜨며 갓 중학생이 된 명박을 위아래로 훑어 봤어. 그러나 명박은 애써 변명하지 않고 묵묵히 서 있기만 했단다. 왜 그랬는지는 모르겠지만 어쩌면 명박의 마지막 자존심 때문이 아니었을까 싶구나.

명박은 중학교 시절, 선생님들에게 종종 이런 핀잔을 들었단다. 소년의 몸에서 술 냄새가 진동했으니 의심살 만도 했지. 그렇다면 정말 명박이 술을 마시고 학교에 갔을까?

소년 명박은 초등학교 들어가기 전부터 시장에서 잔심부름을 하며 집안일을 도와야 했단다. 그만큼 집이 가난하고 어려웠지. 아버지는 전쟁으로 일터를 잃은 뒤 장터를 떠돌며 장사를 하셔야 했어. 그러나 천생 양반이었던 아버지는 장사에 수완이 없었는지 번번이 밑지는 장사로 끝내기 일쑤였지.

소년 명박의 집이 얼마나 가난했는지 단칸방에서 온 가족이 살아야 했고, 가족들이 모두 생업 전선에 뛰어들었지만 끼니를 제대로 잇기 어려웠지.

그때 명박의 가족이 주로 먹었던 음식이 바로 술지게미였어. 술지게미란 곡식으로 술을 빚고 남은 찌꺼기를 말해. 명박의 가족은 돈이 없어 돼지 사료로나 쓰는 술지게미로 배를 채워야 했어. 그것도 세 끼가 아니라 두 끼밖에 먹지 못했지. 그리고 도시락 대신 술지게미를 가져가야 했던 적도 비일비재했어.

날마다 술도가에 가서 가장 싼 술지게미를 사오는 일은 남자 형제 중에서 막내였던 명박의 몫이었어.

생각해 보렴. 아침에 술지게미를 먹고 학교에 가면 아직 앳된 소년의 얼굴이 어떠하겠니? 술기운에 발갛게 상기되어 있었겠지. 물론 술 냄새도 폴폴 풍겼을 테고.

명박의 가정 형편을 몰랐던 선생님들은 명박을 불량학생 취급했어. 억울하고 속상한 일이었지. 하지만 명박은 그 어떤 변명도 하고 싶지 않았대.

당시 명박은 학교에 점심 도시락을 싸가는 것도 어려운 형편이었어. 아이들이 도시락을 꺼내 먹고 있는 동안 명박은 운동장으로 나와 펌프 물로 배를 채워야 했지. 그러나 물을 아무리 마셔도 허기는 가시지 않았어.

배를 곯지 않은 사람, 눈물 젖은 빵을 먹어보지 않은 사람과는 인생을 논하지 말라는 말이 있지. 아버지가 살아 보니 그 말 그대로였어. 인생의 깊이 있는 체험은 가난이라는 극한 상황 속에서 생겨나지. 그것은 마치 거름과 같이 인생을 행복하고 윤택하게 만드는 자양분이 된단다.

진정을 알면 오해는 풀린다

명박은 중학교 시절, 왕복 네 시간을 걸어서 학교에 다녀야 했단다. 제대로 먹지도 못하며 고생을 했던 탓인지 중학교 3학년 초, 시름시름 앓다가 결국 자리에 눕고 말았대. 그리고 넉 달 동안 일어나지 못했지. 말 그대로 영양실조로 몸져누운 것이지.

"아이고, 이러다 큰일 나는 거 아니야?"

어머니는 쉽게 일어나지 못하는 명박을 보며 어찌할 바를 몰라 하셨지. 하지만 형편이 안 돼 병원 한 번 가 보지 못했단다. 다행히 넉 달 뒤, 명박은 어머니의 기도 덕분인지 기운을 차려 다시 학교에 나갈 수 있게 되었지. 두 자식들을 가슴에 묻어야 했던 어머니는 이후에도 다른 형제들에 비해 유난히 야윈 명박의 얼굴을 안쓰럽게 바라보곤 하셨어.

중학교를 졸업할 즈음, 명박은 고교 진학을 포기해야 할 정도로 생활이 어려웠단다. 그러나 학생이 술을 마신다며 명박에게 핀잔을 주던 선생님이 배려해 주신 덕분에 고교 진학을 할 수 있게 되었지. 선생님은 변명 한 번 하지 않고 묵묵히 자기 일에 최선을 다하는 명박을 보고 오해를 푼 거야.

명박은 이때 경험을 떠올리며 이렇게 말한단다.

"나에 대해 잘 모르면서 적의를 가진 사람에게 진정성을 알리면 오히려 더 심지 굳은 동지가 될 수 있다는 것을 알게 됐다."

이것은 명박이 서울시장에 취임한 직후 바로 적용되었다고 해. 명박이 청계천 복원의 대역사를 이룰 수 있었던 것도 이때 경험 덕분이었지.

명박이 2002년 7월 서울시장에 취임한 직후 한 서울시 고위 공무원이 봉투를 들고 명박을 찾아왔단다. 봉투 안에는 청계천 복원에 반대할 뿐만 아니라 다른 후보 캠프에 자료를 준 공무원들의 이름이 들어 있는 이른바 살생부가 들어 있었지. 명박은 봉투를 열어 보지도 않고 도로 가져가게 했대. 당시 청계천 복원을 반대하는 사람이 90%인데 남은 10%만으로는 일을 추진할 수 없으며, 반대했던 이들도 꾸준히 설득하면 돌아설 것이라고 믿었기 때문이야. 또한 일단 돌아서면 그 누구보다도 열심히 동참해 줄 거라고 믿었단다. 청계천 복원의 성공으로 명박의 판단이 옳았다는 것이 밝혀졌지.

나도 할 수 있다는 생각을 해라

아버지도 어릴 때 무지하게 고생하며 컸지만 명박 역시 끼니를 잇기 어려울 정도로 가난한 생활 속에서 성장했어. 어린 시절에 했던 고생은 의지가 약한 사람에게는 독이 되지만 의지가 강한 사람에게는 자양분이 된단다. 난관을 돌파하는 과정에서 지혜와 힘을 갖추게 되기 때문이지. 수많은 어려움을 이겨 내며 자란 덕분인지 명박의 성격은 긍정적이고 진취적이란다.

아버지는 명박을 보면 우리나라가 포니를 생산하던 때가 생각나는구나. 포니는 조랑말이라는 뜻으로 현대에서 개발한 우리나라 최초의 고유 모델 승용차란다. 그 포니의 생산 라인에서 첫 조립을 한 사람이 누구인지 아니? 바로 지금 너희에게 이야기하고 있는 이명박 씨란다. 한국의 자동차 역사는 현대자동차로부터, 고(故) 정주영 회장의 꿈으로부터, 이명박 씨의 노력으로 시작되었다고 할 수 있지.

현대자동차가 창업한 지 10년 만인 1976년에 고유 모델인 포니를 생산해 해외시장에 처음 선보였어. 10년 뒤인 1986년 1월 20일 현대자동차는 자동차의 본고장인 미국 시장에 가격이 저렴

56

한 포니 엑셀 1,000대를 수출하여 선풍적인
인기를 끌었단다. 현대자동차의 대
미 수출을 계기로 한국산 자동차는
세계적 인지도를 얻기 시작했고 우
리나라의 국가 이미지는 자동차를 만
드는 공업 국가로 끌어올려졌단다.

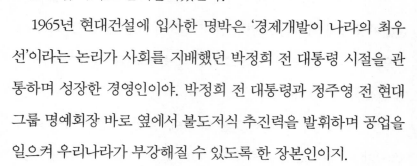

　1965년 현대건설에 입사한 명박은 '경제개발이 나라의 최우
선'이라는 논리가 사회를 지배했던 박정희 전 대통령 시절을 관
통하며 성장한 경영인이야. 박정희 전 대통령과 정주영 전 현대
그룹 명예회장 바로 옆에서 불도저식 추진력을 발휘하며 공업을
일으켜 우리나라가 부강해질 수 있도록 한 장본인이지.

　이런 강한 추진력은 자칫 독선으로 보일 수 있어. 하지만 어
느 정치인보다 '박정희 전 대통령과 같은 추진력'을 갖고 있는 명
박에게는 불가능을 뛰어넘는 긍정적 힘으로 작용하고 있는 듯
하구나.

　아버지는 너희가 명박을 보며 '나도 할 수 있다는 생각을 하
는 것'을 배우기를 바란다.

기적을 믿고 최선을 다하라

사람이 살다 보면 기적 같은 일이 많이 일어난단다. 회사도 마찬가지야. 하지만 기적은 간절히 바라는 사람에게는 축복이 되지만 기대한 적이 없는 사람에게는 그냥 스쳐 지나갈 뿐이란다.

아버지는 네게 현대자동차의 역사를 이야기해 주고 싶구나. 현대자동차의 역사를 보면 정말 '진인사대천명(盡人事待天命 사람으로서의 할 도리를 다하고 하늘의 뜻을 기다린다)'이라는 말이 실감이 나기 때문이지.

현대자동차가 2004년 7월 28일에 울산항 선적 부두에서 1,000만 번째 차량인 프랑스행 '투싼 Tucson'을 수출하게 되었다고 발표했어. 거슬러 올라가 보면 우리나라 자동차 산업이 처음 해외 수출이라는 새 역사를 만든 때는 경제개발이 한창이던 1976년이었어. 현대자동차가 국내 첫 고유 모델인 포니 6대를 중남미 에쿠아도르에 처음 수출하면서부터 시작되었지.

이렇게 시작된 현대자동차의 해외 수출은 1980년대 엑셀 신화를 거치면서 1998년에 누적 수출 대수 500만 대를 달성했고

28년 만에 드디어 수출 1,000만 대라는 위업을 달성했단다.

우리나라 자동차 수출의 역사는 현대자동차의 역사와 궤를 같이한다고 해도 과언이 아니지. 특히 자동차 산업 발전의 선두 주자를 맡았던 포니는 당시 정부의 '장기 자동차 공업 육성 계획'의 일환인 부품 국산화가 밑거름이 되었단다. 현대자동차가 고유 모델을 개발하려고 할 때 이웃 일본의 자동차 회사들은 모두 미친 짓이라며 비웃었어. 당시 현대자동차 개발팀들도 대부분 반대했지. 디자인을 도안이라고 말하던 그 시절, 현대자동차 개발팀에는 디자이너라는 개념조차 없었단다. 하지만 현대자동차는 뚝심으로 고유 모델 개발에 착수했어.

현대자동차는 이탈리아의 베르토네, 피닌파리나, 이탈디자인 등과 만난 결과, 이탈디자인의 조르제토 쥬지아로에게 토종 아닌 토종 스타일링 디자인을 맡겼단다.

1973년 9월 스타일링 디자인을 시작하여 10월 4종류의 스케치를 완료하여 품평을 거쳐 디자인을 결정한 뒤 시작품을 만들게 되었지. 완성된 모델은 1974년 10월 30일 제55회 이탈리아의 토리노 모터쇼에서 성공적으로 데뷔하게 된단다. 이 모델이 바로 우리나라 최초의 고유 모델 승용차인 포니야.

1975년 12월 울산 공장에서 생산에 들어간 포니는 '꽁지 빠진 닭'같다는 소비자의 반응처럼 해치백 스타일의 원조라 할 수 있지. 그때까지만 해도 승용차들이 거의 노치백인 세단형이었거든. 포니는 신선하다는 평가와 함께 곧 인기리에 판매되었어. 네 외할아버지 댁에서 최초로 구입해서 아버지가 시운전했던 그 차도 포니였단다.

포니는 국산화를 90%나 이룩한 최초의 국산 고유 모델 승용차였어. 포니가 나오자 당시 승용차 시장을 80% 정도 차지했던 중형차가 포니에게 밀려나면서 자연스럽게 소형차 시대가 열렸단다.

포니의 성공으로 이탈디자인은 우리나라 자동차 회사들과 각별한 인연을 맺게 되었어. 1973년 현대자동차의 포니를 시작으로 스텔라, 엑셀, 소나타, 라노스, 레간자, 마티즈, 매그너스, 레조 등 다양한 차종이 이탈디자인의 작품이란다.

포니의 성공은 자동차 개발팀의 과감한 도전 정신이 거둔 결실이었어. 그때 개발팀들이 좌절하고 포기했더라면 지금 자동차

1,000만 대 수출이라는 놀라운 업적은 남의 이야기가 되었겠지.

기적을 믿는 사람은 한두 번 실패하거나 졌다고 고개 숙이며 좌절하지 않는단다. 오히려 실패를 거울삼아 더욱더 노력하지. 포니도 첫 번째가 되기 위해서 시행착오와 실패를 수천 번, 수만 번 겪었을 게야. 기적을 믿고 최선을 다한 결과, 고유 모델 승용차 개발과 성공이라는 기적을 거둘 수 있었던 거란다.

이처럼 기적을 믿고 다시 일어서는 사람만이 성공 이야기의 주인공으로 남게 되지. 아버지는 네게 말하고 싶구나. 기적을 믿고 최선을 다하는 사람이 되라고.

6

누구나 위기의 순간이 있다

마음이 승패를 정한다

아버지는 네게 자신감이 얼마나 중요한지 이야기해 주고 싶구나. 버질(Virgil)이 말했지.

"할 수 있다고 생각하면 무엇이든지 할 수 있다."

마르쿠스 아우렐리스는 말했단다.

"사람의 일생은 자기 생각 그대로 되기 마련이다."

사무엘 스마일즈는

"생각을 심으십시오. 행동을 거둘 것입니다. 행동을 심으십시오. 습관을 거둘 것입니다. 습관을 심으십시오. 성격을 거둘 것입니다.

성격을 심으십시오. 신뢰를 거둘 것입니다. 생각을 기르십시오. 사람은 자기가 생각하는 이상으로 오르지 못하기 때문입니다."

라고 말하며

"자기가 어떤 것을 이룰 능력이 있다고 생각하는 사람은 항상 사물의 정상을 목표로 삼습니다. 그리고 그 정상에 도달하고야 맙니다. 누구든지 살아가는 동안에는 패배할 것 같은 위기를 만날 때가 반드시 있습니다. 그러나 할 수 있다고 자기를 믿는 사람은 결코 그런 위기에 굴복하지 않고 전진하게 되기 마련입니다."

라고 덧붙였지.

데일 카네기가 말했듯이 '사람은 생각하는 대로 되기 마련'이란다.

그러므로 사람이 어떻게 생각할 것인가를 배우는 것은 어떻게 사는가를 배우는 것이지. 인생의 성공도 생각으로 시작하고 인생의 실패도 생각 속에서 비롯된단다. 다시 말해 우리가 생각을 바꾸는 것은 인생을 바꾸는 것이라고 할 수 있어. 할 수 있다고 생각하는 사람은 할 수 있다고 생각하기에 무엇이든지 할 수 있지. 그러나 할 수 없다고 생각하는 사람은 할 수 없다고 생각하기에 무엇도 할 수 없단다. 이것은 생각이 그 사람을 지배하기 때문이야.

얼마 전 프랑스에서 어느 여인이 살충제를 먹고 자살한 일이 있었어. 그런데 시체를 부검해 보니 여인이 먹은 살충제가 실은 인체에 전혀 해가 없는 약이었대. 즉 실제로 약이 아니라 약을 먹으면 죽는다는 생각이 여인을 죽인 거야.

로버트 슐러 목사는 말했어.

"불가능한 일이 존재하는 것이 아니라 불가능하다는 생각이 존재하는 것이다."

현대자동차가 국산 자동차를 만들어 수출까지 한다는 회사의 비전을 밝혔을 때, 비웃지 않는 사람이 없었단다. 왜냐하면 당시 한국 자동차 기술로는 부품을 수입해서 조립품을 만드는 것도 버겁다는 생각이 지배적이었거든.

하지만 결과는 어떻게 되었니? 현대자동차는 반드시 성공할 수 있다고 믿고 노력한 결과, 크게 성공할 수 있었지. 이처럼 할 수 있다고 믿는 자만이 성공할 수 있다는 것을 꼭 기억하렴.

위기를 뛰어넘을 때 성공으로 나갈 수 있다

소년 명박네 가족이 단칸방에서 살 때에 있었던 일이야. 명박이 살던 동네는 산동네로 비슷비슷한 집들이 판자 하나를 사이에 두고 다닥다닥 붙어 있었지. 힘들게 사는 사람들이 모여 살던 곳이라 날마다 아이 우는 소리, 싸우는 소리 등으로 한시도 조용할 날이 없었어.

명박의 바로 옆집에는 거지 가족이 살았는데 명박과 비슷한 또래 남자 아이가 있어 서로 친하게 지냈대. 그런데 명박이 그 거지 가족을 몹시 부러워했다지 뭐니. 왜냐하면 명박의 집은 부모님이 날마다 시장에 나가 열심히 일하는데도 늘 끼니를 잇지 못해 배를 곯았거든. 오죽하면 배고픔을 참지 못해 마당에 나가 펌프 물로 허기를 달래기 일쑤였겠니? 그런데 거지 가족은 달랐어. 아침마다 남자 아이의 부모님이 동네를 한 바퀴 휙 돌고 오면 가족이 한데 모여 밥을 먹었거든. 옥수수 죽도, 술지게미도 아닌 밥이었어. 명박은 열린 방문 사이로 거지 가족이 밥을 먹는 모습을 보며 얼마나 부러웠는지 모른대.

'아, 우리는 거지보다도 못 하구나.'

65_

명박은 부모님이 원망스럽고 거지 가족의 밥상이 부러워 가출까지 생각했다지 뭐니.

명박이 그때 그 친구를 다시 만난 것은 수십 년이 지나서였단다. 국회의원 시절에 LA를 방문했을 때였지.

"명박아!"

행사를 마치고 나오는데 누군가 명박의 이름을 불렀어. 알고 보니 그때 옆집에 살았던 바로 그 친구였지. 친구는 마침 LA에 살고 있는데, 명박이 방문한다는 소식을 듣고 찾아왔던 거야. 오랜 만에 만난 두 사람은 밤새워 지난 이야기를 하며 울고 웃었대. 친구는 명박에게 말했단다.

"어릴 때 나는 밥을 먹고 살아서 너희 가족보다 우리 가족이 더 잘 사는 줄 알았다."

그러나 친구는 자라면서 자기 부모님이 일을 하지 않고 구걸을 해서 자식을 키웠다는 사실을 알게 되었지. 결국 지금도 다른 형제들은 여전히 거지처럼 살아가고 있다고 했대. 자신은 겨우 미국으로 건너와 아이들과 어렵게 살아가고 있는 처지라고 말이야.

명박은 친구의 말을 듣고 가슴을 망치로 쿵 내리치는 기분이

들었대. 그때 왜 부모님이 가난하지만 남의 것을 바라지 않고 열심히 일하셨는지 절감할 수 있었거든. 비록 남들보다 가난하게 살았지만 가난에 굴하지 않고 노력했기 때문에 가난을 뛰어넘어 성공으로 나갈 수 있었다는 것을 깨달았지.

나중에 부끄러워 할 일은 피하자

명박의 가족에게 둘째 형은 곧 희망이었어. 둘째 형은 어려서부터 공부뿐만 아니라 모든 면에서 뛰어났기 때문이야. 비록 가정 형편이 어려워 상고를 졸업했지만 대학에 진학하기 위해 서울에서 공부했단다. 때문에 온 가족이 둘째 형을 뒷바라지해야 했어.

당시 포항중학교에 다니고 있던 명박은 고등학교에 갈 생각은 아예 꿈도 꿀 수 없었단다. 학교에 다니면서 집안일을 돕고 어머니가 하시는 국화빵 장사도 돕고 있었거든.

포항중학교에서 성적이 좋은 학생들은 그때 도내의 명문고였던 경북고등학교에 진학했대. 열심히 공부했던 명박은 줄곧 전교 2등을 놓치지 않을 만큼 성적이 좋았지. 그런 명박이 가정 형편 때문에 고등학교 진학을 포기한다고 하자 담임선생님은 깜짝 놀라셨어. 그리고 어머니를 모셔 오라고 하셨단다.

'선생님께서 말씀하신다고 어머니가 허락하실까?'

명박은 수십 번이나 망설인 끝에 겨우 어머니에게 말을 꺼냈어. 하지만 어머니의 말씀은 너무나도 단호했지.

"넌 고등학교에 못 보낸다. 설령 네가 국비 장학생으로 갈 수 있다고 해도 너밖에 장사를 도울 사람이 없지 않니?"

명박은 목이 메면서 눈물이 핑 돌았어. 처음으로 가난과 형에 대한 원망이 생겼지. 명박은 눈물을 흘리며 선생님에게 말씀 드렸어.

"선생님! 어머니께서 고등학교에 보내 주지 않으시겠대요."

그러나 선생님 역시 단호하게 말씀하셨어.

"지금은 네가 어려서 모르겠지만, 중학교 졸업장보다 고등학교 졸업장이 살아가는 데 더 크게 도움이 된단다. 정 안 되면 야간 고등학교라도 가렴."

결국 담임선생님과 어머니 사이에 공방이 벌어졌지. 어머니가 선생님에게 물으셨어.

"야간 고등학교라도 등록금을 내야 하지 않습니까? 저희에게는 그것조차 버겁습니다."

선생님은 어머니의 손을 꼭 붙잡고 간곡히 부탁하셨단다.

"어머니! 명박이가 전체 수석으로 입학을 하면 등록금이 면제됩니다. 그러니 시험만이라도 한 번 쳐 볼 수 있게 해 주세요."

선생님은 끈질기게 어머니를 설득하셨어. 결국 어머니는 1등을 놓쳐 등록금을 내게 되면 학교를 그만두는 조건으로 허락하셨대.

명박은 그때부터 얼마 남지 않은 시험까지 이를 악물고 공부했어. 그리하여 기적처럼 전체 수석으로 포항에 있는 동지상고에 입학했단다. 비록 야간 고등학교였지만, 명박은 꿈에도 그리던 고등학생이 된 거야. 그리고 3년 내내 동지상고 주간, 야간을 통틀어 1등을 놓치지 않는 '행복한 야간 고등학생'이 되었지.

뜻이 있는 곳에 길이 있다더니 그때 만약 선생님이 명박을 포기했더라면 오늘날 명박은 없겠지. 명박은 지금껏 그 선생님을 한 번도 잊은 적이 없대. 너라면 잊을 수 있겠니?

물론 어머니가 명박을 고등학교에 보내지 않으려고 한 것에는 이유가 있었어. 집안의 기둥이었던 둘째 형의 대학 등록금을 준비하고 있을 때였거든. 그래서 명박을 고등학교에 보내 줄 수 없었던 거야.

명박이 고등학교 2학년이었을 때, 명박은 어머니를 도와 과일 장사를 시작했단다. 하루는 어떤 자가용이 명박의 리어카를 받는 사건이 생겼어. 그런데 잘못한 운전자가 도리어 명박을 죄인으로 몰아세우지 않겠니? 명박이 가난하다고 무시한 거야. 명박은 하도 억울하고 분해서 가출할 결심을 하게 되었어. 그렇지 않아도 몇 번이나 집을 나가 도망하고 싶던 참이었지. 마치 굴 껍데기처럼 다닥다닥 들러붙은 가난이 너무나도 지긋지긋했거든. 또 어린 마음에 형들에게만 신경 쓰는 가족들이 원망스러웠고 그럴 바엔 차라리 집을 나가 스스로 돈을 벌어 공부하겠다는 오기가 발동했던 거야. 그런데 명박이 가출을 결심하고 집을 나가려는 찰나, 문득 '과일 장사를 시작한 지가 언제인데 아직 어머니께 과일 한 개 드리지 못했구나.' 라는 생각이 들었대. 명박은 마지막으로 어머니에게

"어머니, 아버지, 오늘은 과일 좀 드세요. 많이 남았거든요."

라고 하며 과일을 드렸지. 이왕 집을 나간다면 마지막 효도라도 하자는 심정이었어. 그리고 일찍 이불 속에 들어가 잠을 청했지. 그렇게 얼마나 잤을까? 명박은 어렴풋이 들리는 어머니의 새벽 기도 소리에 잠이 깼어.

"하나님 아버지! 우리 명박이가 어머니, 아버지도 챙길 줄 아는 아들로 컸습니다. 감사합니다. 부디 우리 명박이의 앞길을 환히 밝혀 주셔서 더욱 훌륭한 사람이 되게 하여 주시고, 건강도 지켜 주소서. 공부와 명박이가 하는 일이 모두 잘 되게 이끌어 주시옵소서."

그날따라 어머니의 기도는 평소와 달랐어. 명박은 어머니가 자신을 위해 열심히 기도하는 모습을 보고 가슴이 뛰었지.

'아! 어머니께서 내게 이렇게 큰 관심을 가지고 계셨구나. 어머니, 죄송합니다. 전 그것도 모르고……'

명박은 놀랍고 고마운 마음에 눈물을 흘리고 말았어. 하지만 가출 시기를 한 달 뒤로 미루었을 뿐 가출을 하려는 결심이 사라진 것은 아니었단다. 다만 한 달 뒤 다시 한 달을 미루고 이렇게 몇 번을 미루다가 결국 평소 명박으로 돌아왔지.

후일 돌아보니 가난을 절망해 가출을 결심했던 자신이 못나고 부끄러워 고개를 들 수 없었대. 명박은 그때가 자신의 일생 중 가장 부끄러운 때라고 술회하며 못난 자신을 반성하는 가운데 더욱 삶의 의지를 불태웠다고 했단다.

혹시 너도 가출하고 싶었던 적이 있었니? 아버지도 그런 적이 있었단다. 네 할아버지가 술을 많이 드시고 집안을 뒤흔들 때마다 도망가고 싶었지. 인생을 살아 보니 세상에 좌절과 낙망만이 가득한 것처럼 보일 때가 종종 있더구나. 당시에는 힘들고 괴로워서 도망치고 싶기도 해. 그러나 포기하고 도망간다면 무엇이 바뀔까? 곰곰이 생각해 보렴.

생각하기에 따라 고난도 기회가 된다

아버지가 지난번에 네게 편지로 정약전에 대해 이야기한 적이 있었지? 너도 알다시피 정약전은 정약용의 형이란다. 정약전은 남인계의 학자였는데, 일찍이 서학에 뜻을 두어 천주교에 입교했어. 벼슬에서도 물러나고 오로지 선교 활동만 했지. 당시 우리나라는 천주교를 매우 박해했단다. 정약전도 신유박해 때 흑산도라는 곳으로 유배를 가게 되었지. 하지만 정약전은 비록 유배를 간 죄인의 신분이었지만 결코 좌절하거나 비통해 하지 않았어.

정약전은 흑산도에서 16년의 세월을 보냈단다. 정약전이 유배 시절에 남긴 《현산어보》라는 책은 흑산도 근해의 생물을 직접 채집해서 남긴 기록이지. 《현산어보》에는 바다에 사는 동식물 수백 종의 명칭, 분포, 형태, 습성 및 이용 등에 대한 내용이 상세히 기록되어 있어. 그 내용이 어찌나 정확하고 자세한지 《현산어보》에 있는 해양 생물들의 정보는 지금 보아도 매우 정확하고 정밀하다고 해.

《현산어보》는 단순한 해양 백과사전이 아니야. 수많은 동식물들의 이름을 당시 흑산도에서 불리던 발음 그대로 옮겨 놓았기 때문에 동식물의 옛 이름, 어원, 변천 과정까지 추측할 수 있게 하는 중요한 자료가 된단다. 또한 항목이 방대할 뿐만 아니라 각각 항목의 내용이 매우 훌륭하다고 해. 이제까지 책들이 단순히 생물의 이름만을 나열하거나 기껏해야 중국 문헌에 나온 기록들을 그대로 옮겼다면 정약전은 직접 생물을 채집, 관찰하고 해부까지 하며 알아낸 사실적이고 정확한 지식들을 중심으로 집필했거든. 더군다나 《현산어보》는 우리나라 서해, 남해에 서식하는 어종들이 거의 다 망라되어 있을 정도니 얼마나 대단한지 알겠지?

정약전이 남긴 《현산어보》는 《자산어보》라고도 해. 정약전은 서문에서 '흑산'을 '자산'으로 바꾸어 쓰는 이유를 무서움 때문이라고 밝히고 있어. 당대 현실이 무서운 나머지 현실의 이름조차 부를 수 없었던 거지.

정약전이 '자(玆)는 흑(黑)과 같다'고 쓸 때 느꼈던 절망이 곧 그로 하여금 고등어와 가자미, 노래미와 오징어, 꽁치, 병어 등을 들여다보게 한 거야.

그런데 만약 정약전이 유배 생활에 좌절하기만 했다면 어떻게 되었을까?《현산어보》라는 훌륭한 저서가 집필되지 않았을 테지.

아버지는 이처럼 좌절을 딛고 일어난 사람이 더욱 강인하고 유능해지는 것을 몇 번이나 봤단다. 그들을 보면서 **사람이 살아가는 동안 무엇보다 중요한 것이 위기를 대비하는 삶이라는 것도**

깨달았지.

이순신 장군은 '전쟁이 일어나지 않으면 더없이 반길 일이겠으나, 만약 일어난다면 그때를 대비하는 데 부족함이 없어야 한다.'라며 유비무환(有備無患)의 사고를 강조했어. 너희는 항상 자신을 돌아보고 부족한 부분이 없는지 새겨 보기를 바란단다.

또한 어떠한 어려운 상황이 닥친다 해도 자신의 생각과 자세에 따라 바뀔 수 있다는 것을 명심해라. 모든 것은 자신에게 달려 있단다.

7

닥치면 뭐든지 할 수 있는
사람이 되어라

마음을 바꾸면 뭐든지 할 수 있다

명박은 중학교 때까지 김밥 장사는 물론 엿 장사, 아이스케이크 장사 등 정말 안 해 본 것이 없었지. 명박이 야간 고등학교에 들어가자 어머니는 국화 빵 기계 옆에다 뻥튀기 기계를 갖다 놓으셨어. 쌀을 튀겨 파는 뻥튀기 장사는 당연히 명박의 몫이었단다.

어머니는 새벽부터 일어나 국화빵 만들 재료를 준비해 나가셨고, 명박은 교복을 입고 나가서 쌀을 튀겨 팔아야 했어. 그렇게 힘들게 일하다가 저녁이면 야간 고등학교에 갔지.

어느 날, 어머니께서 아무래도 터가 안 좋은 것 같다며 뻥튀기 장사할 자리를 다른 곳으로 알아보셨대. 그런데 하필이면 그곳이 여자 고등학교 앞이었다지 뭐니.

어머니와 함께 시장에서 장사를 할 때는 몰랐는데 막상 여고 앞에서 장사를 하려니 여간 곤혹스러운 것이 아니었어.

언제나 땀과 땟국으로 얼룩진 얼굴에 교복 차림으로 장사하다 보면 여학생들이 흘끔거리기도 하고 심지어 킥킥대며 지나가기도 했단다.

얼마나 창피했겠니? 얼굴이 화끈 달아오르고 고개를 들 수가 없었지. 아무리 집안일을 돕기 위해 장사를 한다지만 그래도 당시 명박은 사춘기 시절이었으니까 부끄러울 만도 했지. 하지만 어려운 집안 형편을 알기에 어머니에게 장사하지 못하겠다는 말을 도저히 할 수가 없었어.

그렇게 며칠을 혼자 끙끙 가슴앓이를 한 끝에 생각한 것이 바로 밀짚모자였어. 챙이 넓은 밀짚모자를 푹 눌러쓰면 사람들에게 얼굴을 보이지 않을 수 있었거든. 그런데 하필이면 그때가 한겨울이었단다. 한겨울에 교복을 입은 남학생이 밀짚모자를 쓰고

쌀을 튀기고 있으니 지나가는 사람들이 보기에 얼마나 우스꽝
스러웠겠어.

하루는 어머니가 장사를 잘하고 있는지 잠시 들르셨다가 밀
짚모자를 쓴 명박을 보고 아연실색하셨단다.

"남에게 구걸을 하는 것도 아닌데, 사내 녀석이 뭐가 부끄럽
다고 한겨울에 밀짚모자를 쓰고 난리냐?"

평소 어머니 말씀을 잘 따르던 명박이었지만 그때만큼은 고
집을 꺾지 않았다고 해. 명박은 계속 밀짚모자를 푹 눌러쓰고 장
사했지. 하지만 얼마 지나지 않아 명박은 부끄러워하던 마음을
접고 당당하게 밀짚모자를 벗고 장사하기 시작했어. '돈을 벌 때
남에게 구걸하거나 도둑질을 하는 게 아니라면 부끄러울 것이 없
다'는 어머니의 가르침에 따라 명박은 당당하게 고등학교 내내
뻥튀기 장사를 했던 거야.

명박은 장사를 하면 이익을 남겨야 한다는 경제의 가장 중요
한 원리를 바로 이때 어머니를 도와 뻥튀기 장사와 아이스케이
크 장사를 하면서 몸으로 익혔단다.

유대인들은 자녀들을 키울 때 일부러 두 가지 직업을 겸하여

배우도록 가르친다고 해. 한 가지 직업은 평상시에 할 수 있는
전문 분야를, 다른 한 가지 직업은 전쟁과 같은 위기 시에 어디
를 가더라도 밥을 벌어먹을 수 있는 잡다한 기술을 배우게 했단
다. 그 결과 오늘날 유대인들은 세계 어디에서 살든지 그 나라의
상위 20%에 드는 부를 누리며 전 세계 인구 중 1%도 안 되는 숫
자로 세계 경제의 20%를 좌지우지하게 되었지.

비록 소년 명박은 불우하게 자라고 감수성이 예민한 사춘기 때 여고 앞에서 뻥튀기 장사를 하며 야간 고등학교에 다녔지만 당시 몸으로 익힌 경제관념으로 경제에 대한 남다른 열정을 갖게 되었고 결국 현대그룹에 들어가기에 이르렀지. 명박은 열정 하나로 말단 사원부터 시작해 현대그룹의 제 2인자가 되는 성공을 거두었어. 너희도 명박의 이러한 점을 배우기를 바란단다.

자존심과 명예로 만든 수프

돈을 모을 때는 남의 눈치를 보면 안 된단다. 울산에 살고 있는 네 이모부는 어릴 적 부산에 와서 목욕탕 청소를 하며 지냈어. 그 와중에도 꿈을 키웠지. '나도 언젠가는 목욕탕을 운영하는 사장이 되겠다.'고 말이야. 그래서 고생 끝에 3천여 만 원을 모았대. 이모부는 목욕탕 내에서 카운터를 보며 음료수를 팔기 시작했지. 열심히 일한 덕분에 시내 변두리에서 전세로 목욕탕을 빌려 직접 운영하기에 이르렀어. 그리고 너희 이모를 중매로 만나 결혼했지. 비록 생활은 어려웠지만 이모부와 이모는 힘든 줄 몰랐대. 두 사람에게는 언젠가 반드시 자기 소유의 목욕탕을

갖겠다는 꿈이 있었거든. 허리띠를 졸라매고 돈을 모아 결국 자기 소유의 목욕탕을 경영하게 되었지. 조금 모자란 돈은 네 외할아버지에게 이자를 주기로 하고 빌렸단다. 결국 그것이 모체가 되어 지금은 울산에서 열손가락 안에 드는 큰 사우나와 찜질방을 소유하고 있지.

  이모부가 처음 자기 소유의 목욕탕을 갖게 되었을 때의 이야기야. 길을 가다가 버려진 나무 등을 보면 그냥 지나치지 않았대. 하나하나 주워 와 연료로 썼다는구나. 복합 보일러는 각종 폐목이나 고무 등을 연료로 쓰는데 연료비를 한 푼이라도 아끼려 했던 거야.

넥타이를 매고 볼일 보러 가다가도 사과 궤짝이며 폐목 들을 보면 넥타이를 풀어 묶어서 어깨에 지고 갔다고 해. 남이야 보건 안보건 상관없이 그렇게 자기 일에 열심이었지.

네 외할아버지는 그 모습을 보면서 '아! 저 친구는 크게 성공하겠구나!' 라고 생각하셨대. 그래서 이모부가 돈이 좀 모자라서 빌려 달라고 하면 액수에 상관없이 빌려 주셨다고 하더구나.

이와 비슷한 이야기가 탈무드에 나온단다.

상당한 부와 권력을 가지고 있던 핫산은 어느 날 갑자기 모든 것을 버리고 현자를 찾아가 제자가 되었어. 핫산은 최선을 다해 노력했지만 스승이 보기에 핫산은 아직도 속세에서 가지고 있던 오만함을 버리지 못했지. 핫산이 속해 있던 높은 계급의 특권이나 부의 잔재가 아직도 핫산의 의식 속에 남아 있었거든.

스승은 핫산을 깨우쳐 줘야겠다고 생각했어.

"핫산아, 시장에 가서 양의 내장 40kg만 사 오너라. 사 올 때 반드시 내장을 등에 지고 돌아와야 한다."

핫산은 즉시 마을의 한쪽 끝에 있는 시장으로 달려갔지. 그리고 양의 내장을 산 다음 피가 뚝뚝 떨어지는 내장을 메고 걷기 시작했어. 핫산은 머리에서 발끝까지 흘러내리는 핏물로 꼴이 말이 아니었어. 그 모습으로 마을 절반을 가로질러 돌아가려니 눈앞이 캄캄했지. 마을 사람들은 아직도 핫산을 돈 많은 세력가로 알고 있었거든. 핫산은 마을 사람들을 마주칠 때마다 태연한 척했지만 마음은 말로 표현할 수 없는 모욕감으로 얼룩져 갔어.

핫산이 힘겹게 돌아왔을 때, 스승은 내장을 부엌으로 가져가서 요리사에게 주고 모든 제자들이 함께 나누어 먹을 수 있도록 수프를 끓이라고 했단다. 하지만 요리사는 한꺼번에 많은 양을 끓일 만큼 큰 냄비가 없다고 했지. 스승은 다시 핫산에게 말했어.

"핫산아, 당장 정육점에 가서 큰 냄비를 빌려 오너라."

정육점은 마을의 반대편 끝에 있었어. 핫산은 온몸이 피로 얼룩진 채로 반대쪽 마을을 가로질러 가야만 했지. 길에서 사람을 마주칠 때마다 핫산은 심한 모욕감으로 얼굴이 달아올랐어. 핫산은 자존심이 상할 대로 상해서 돌아왔어. 스승이 시킨 대로 커다란 냄비를 요리사에게 가져다 주고 더러워진 몸을 씻으러 부리나케 세면장으로 달려갔지.

잠시 후, 스승은 다시 핫산을 불러 말했어.

"핫산아, 지금 바로 시장으로 가거라. 그리고 길에서 사람들을 만나면 혹시 등에 짐승의 내장을 지고 가는 사람을 본 적이 있는지 물어보아라."

핫산은 스승이 시키는 대로 길에서 만나는 사람들에게 혹시 조금 전에 등에 짐승의 내장을 지고 가는 사람을 본 적이 있느냐고 물어보았어. 그러나 사람들은 대부분 그런 광경을 본 적이 없다거나 전혀 기억이 나지 않는다고 대답했지 뭐니?

정육점 방향으로 갈 때도 마찬가지였어. 아무도 피로 얼룩진 채 큰 냄비를 들고 가는 사람을 본 적이 없다는 거야.

핫산이 이 이야기를 스승에게 전하자 스승이 말했어.

"이제 알았느냐? 아무도 너를 보았거나 기억하고 있는 사람은 없었다. 너는 사람들이 형편없는 네 모습을 보고 너를 비웃을 것이라고 생각했겠지만 사실 아무도 네 모습을 염두에 두지 않았다. 다만 네 스스로 남의 시선을 대신하여 네 시선으로 너를 바라보았을 뿐이다."

저녁이 되자 스승은 모든 제자를 불러 모은 뒤, 큰 잔치를 베풀었어.

"자, 마음껏 들어라. 이 수프는 핫산의 자존심과 명예로 만든 수프다."

돈을 벌고 모으는 일을 부끄러워하는 사람은 반드시 돈 때문에 슬퍼할 일이 온단다. 적은 돈을 하찮게 여긴 사람은 적은 돈이 모자라 낭패를 볼 일이 꼭 일어나지. 그러니 돈을 벌면서 비록 자존심이 상하고 명예가 땅에 떨어질 것 같은 일이 생겨도 부끄러워하지 말려무나. 사람이 진정 부끄러워해야 할 일은 사지가 멀쩡한데도 아무것도 하지 않고 지내는 것이란다.

8

먼 길도 한 걸음부터 가는 지혜

천 리 길도 한 걸음부터

"정말 졸업식도 안하고 서울로 갈 거야?"

"응. 대신 졸업장이나 받아 줘."

고등학교 졸업식을 앞둔 1959년 12월, 명박은 여동생과 함께 서울행 기차에 몸을 실었단다. 줄곧 전교 1등을 해온 터라 졸업식 때 재단 이사장으로부터 상장을 받기로 되어 있었지만, 더 기다릴 처지가 아니었거든.

명박의 가족들은 이미 1년 전에 둘째 형을 뒷바라지하기 위해 먼저 서울로 떠난 상태였어. 명박은 19년 동안의 포항생활을 접고 서울행 기차를 타고 가면서 내내 생각했단다.

'과연 내가 서울에 가서 무엇을 할 수 있을까? 사람들이 나를 촌놈이라고 무시하지 않을까?'

명박은 이 생각 저 생각에 두려움이 컸지만 한편으로는 지금까지와 다른 무엇이 기다리고 있을 것 같아 가슴이 두근거렸어.

명박의 집은 용산을 지나 남산 자락에 위치한 이태원의 판자촌 단칸방이었어. 부모님은 서울에 와서도 여전히 노점상을 했단다. 이태원 시장 한켠에서 채소를 팔았지. 형편으로 치자면 포항에서 살던 시절보다 더 어려웠어. 판자촌 단칸방에서 이제 다 큰 명박이 더부살이를 할 수는 없었어. 결국 명박은 집을 나와야만 했단다.

명박은 아는 사람 하나 없는 서울 땅에서 무엇을 할 수 있을지 막막했어. 고등학교를 졸업했지만 취직할 형편이 되지 않았고, 장사를 하자니 밑천이 없었지. 그때 명박이 찾아간 곳이 바로 노동자 합숙소였단다. 노동자 합숙소에는 열 명 가까운 사람들이 함께 생활하고 있었어. 지금도 그렇지만 당시에도 노동자 합숙소 사람들은 날마다 새벽 5시가 되면 인력시장에 나갔단다.

허드렛일을 하며 하루 벌어 하루를 먹고 살았지. 합숙소 사람들은 명박을 보며 한 마디씩 했어.

"덩치도 크지 않은데, 젊은 사람이 이런 험한 일을 할 수 있겠어?"

"어디 식당이나 중국집 같은 데를 알아보는 게 좋지 않을까?"

사람들은 대부분 어리고 병약해 보이는 명박을 걱정스러운 시선으로 바라보았어. 하지만 명박은 어려서부터 안 해 본 일이 없었던 터라 뭐든지 할 수 있다는 자신감을 갖고 있었어. 그렇기에 사람들의 시선과 이야기를 흘려들을 수 있었지.

문제는 일자리였단다. 아무리 일을 할 수 있다고 다짐해도 일자리가 없으면 소용이 없잖니. 미장이며 목수 일을 하는 사람들은 그나마 일자리 구하기가 쉬웠지. 하지만 당시 명박은 별다른 기술이 없을 뿐더러 잡역부를 하기에도 아직 미숙한 청년이었어. 그러니 일하는 날보다 공치고 돌아서는 날이 훨씬 많았단다. 당연히 일자리를 구하지 못하는 날이면 쫄쫄 굶으며 보내야 했어. 그렇게 한 달에 열흘이나 일할 수 있었을까. 사정이 그렇다 보니 당장 월세가 밀려서 합숙소에도 더 있을 수 없었어. 명박은 새벽에 눈을 뜰 때마다 고민에 빠졌지.

'오늘은 과연 일자리를 구할 수 있을까?'

하루하루가 힘겨운 시절이었어. 새벽마다 인력시장에 나갔다가 허탕을 치고 돌아오는 길에 넥타이를 매고 어디론가 출근하는 사람들을 보면 그 모습이 얼마나 부러웠는지 모른대.

'아! 나도 저 사람들처럼 넥타이를 매고 출근하고 싶다. 그러면 날마다 일자리 걱정을 하지 않아도 될 텐데.'

마침내 명박은 굳게 결심을 했어.

'그래, 직장인이 되자. 그러기 위해서는 나도 대학을 가야 한다.'

직장인이 되면 아무리 적은 월급이라도 꼬박꼬박 받을 수 있잖니. 그러면 적어도 월세를 걱정하지 않아도 될 테지.

직장인이 되겠다. 그러기 위해 대학을 가겠다.

이것이 서울에 첫 발을 디딘 청년 명박의 인생 목표가 되었어. 후일 샐러리맨들의 우상이요, 샐러리맨의 신화가 된 명박의 꿈은 바로 서울의 한 노동자 합숙소에서 싹튼 것이었단다.

무슨 일이든 그렇단다. 훗날 명박은 현대그룹에 들어가 사장이 되었지만 처음부터 사장이 되겠다고 꿈꾼 것은 아니야. 명박이 처음 가진 꿈은 어찌 보면 너무나도 소박한 꿈이었지. 안정된 직장을 다니는 월급쟁이가 된다면 무슨 일이든 하겠다는 것이었어. 누군들 그 정도 꿈을 꾸지 못하겠니?

이처럼 큰 꿈도 작은 꿈부터 시작되는 거란다. 작은 꿈들을 차근차근 이루어 나가면서 큰 꿈을 이루는 것이지.

네가 드라마 '외과의사 봉달희'를 보고, '나도 외과 의사가 될 거예요.' 라고 말하며 벼락치기로 공부하는 것을 보고 적잖이 걱정되었단다. 큰 꿈은 결코 하루아침에 이루어지지 않거든. 네가 마치 내일 당장 수능 시험을 치는 것처럼 너무 무리하면 미리 지쳐 버릴까 염려되었지.

큰 꿈을 가진 사람일수록 청년 명박처럼 작은 출발부터 하는 법이란다. 천 리 길도 한 걸음부터 가야 한다지 않니. 너희처럼 10대 시절에는 삶의 곳곳에 숨어 있는 크고 작은 유혹에 흔들릴 때가 많단다. 성공은 그런 유혹을 이겼을 때라야 비로소 얻을 수 있어. **성공을 희망하고 준비하는 자가 잊어서는 안 되는 것은 바로 '올바른 선택'과 '우선순위'란다. 그리고 한 걸음씩 천천히 목표를**

향하여 나아가는 끈기와 인내가 필요해.

모든 사람에게는 눈앞의 마시멜로를 지금 먹을지 아닌지의 선택이 있어. 그 사람이 가진 목표와 우선순위에 따라 선택이 달라지겠지. 때로는 그 선택으로 인해 그 사람의 운명이 달라지기도 한단다.

학문의 진정한 목적

아버지는 너희가 공부를 왜 해야 하냐고 물어볼 때 참 난감하단다. 돈으로 계산할 수 없는 학문의 가치를 너희에게 어떻게 설명해야 좋을까.

모든 일에는 준비가 필요하단다. 그리스 철학의 시조인 탈레스의 예를 들으마. 탈레스는 철학에 깊이 빠져 결혼도 하지 않고 가난해도 돈을 벌 생각을 조금도 하지 않았지. 사람들은 이런 탈레스를 비난했어. 탈레스는 그를 비난하는 소리를 못 들은 척했지만 시간이 갈수록 점점 참을 수 없게 됐어. 그래서 사람들의 코를 납작하게 만들기로 했지. 탈레스는 자기가 가진 돈을 몽땅 털어 올리브 창고를 모조리 빌렸단다. 그러자 사람들은 '탈레스가 드디어 미쳤다.'고 했지. 그런데 그해 올리브 농사가 대풍작이었지 뭐니. 올리브를 너무 많이 수확해 자기 창고에 보관하고도 모자라 다른 창고를 빌려야 했는데 빈 창고가 없었던 거야. 그러자 탈레스의 창고 임대료는 부르는 게 값이 되었지. 탈레스는 순식간에 큰 부자가 되었단다.

사람들은 그제야 탈레스의 지혜에 놀라며 어떤 방법으로 대풍작을 알았는지 물었어. 탈레스는 웃으며 대답했지.

"하늘을 잘 관측하면 풍년이 들지 흉년이 들지 알 수 있소. 올해는 올리브 농사가 큰 풍년이 들 줄 알았소. 보다시피 철학자들도 원하면 부자가 될 수 있소. 다만 그러기를 원하지 않을 뿐이오."

탈레스는 번 돈을 이웃들에게 골고루 나눠 주고 다시 철학 연구에 몰두했단다.

이처럼 학문의 진정한 목적은 실사구시(實事求是)에 있지. 너희가 지금 배우고 익히는 학문의 기초가 인생의 밑그림을 그리게 되고 종국에는 성공의 기초와 담보가 된다는 사실을 깨닫고 오늘 주어진 시간을 공들여 설계할 수 있기를 바란단다.

9 도약하기 위해서는 실력이 필요하다

뜻을 세우면 길은 있다(有志處在道)

하루하루 먹고살 걱정을 해야 했던 그 시절, 청년 명박의 머릿속에서 떠나지 않는 게 있었어. 바로 중학교 담임선생님이 하신 말씀이었지.

"중학교 졸업장보다 고등학교 졸업장이 살아가는 데 더 크게 도움 된단다."

둘째 형 역시 명박에게 대학의 존재를 늘 상기시켜 주었어.

"명박아, 결코 대학을 포기하지 마라. 지금 네가 비록 야간 고등학교에 다니고 있지만 마음만 먹으면 얼마든지 대학에 갈 수

93_

있단다.”

　명박은 어려운 가정 형편을 너무나 잘 알고 있었기에 대학을 갈 엄두를 내지 못했지. 그런데 합숙소 생활하며 대학을 진학해야겠다는 생각이 간절해진 거야.

　‘중학교 졸업장보다는 고등학교 졸업장이 낫고, 고등학교 졸업장보다는 대학 중퇴가 낫지 않을까? 대학에 들어가더라도 졸업을 하지 못하겠지만 적어도 중퇴자라고 하면 고졸 출신보다는 쉽게 직장인이 될 수 있겠지.’

　명박은 일단 시험을 쳐서 대학에 붙으면 대학 중퇴자가 될 수 있다고 생각했어. 어차피 대학을 졸업하지 못할 거라면 중퇴라도 하자는 생각이었지.

　그러나 야간 고등학교를 나온 명박은 대학 입시에 대한 정보가 전혀 없었어. 그때 누군가 청계천 헌책방에 가면 참고서를 싸게 살 수 있다고 알려 주었단다. 명박은 며칠 동안 받은 일당을 모아 청계천의 헌책방을 찾아갔어. 하지만 막상 헌책방까지 갔지만 무슨 책을 어떻게 사야 할지 몰라 한참을 헤매야 했지. 헌책방 주인이 이런 명박을 보며 물었어.

"학생, 무슨 책을 찾고 있어?"

"글쎄, 그걸 잘 모르겠어요."

그러자 헌책방 주인이 다시 물었어.

"학생은 문과야? 이과야?"

명박은 난생 처음 들어 보는 소리에 입을 다물고 말았어. 야간 상고를 다녔으니 누구에게도 대학 진학 지도를 받지 못했고, 또 지금처럼 부모님들이 도와주시는 것도 아니니 당연히 모를 수밖에 없었지. 헌책방 주인은 명박을 위아래로 훑어보며 고개를 갸웃거렸어.

"아니, 대학 입시를 준비한다면서 그것도 몰라?"

그때, 명박은 자신이 야간 상고를 나왔고 형도 상대에 다니고 있다는 사실을 떠올렸어.

"저, 상과 대학에 가려고 해요."

"그러면 문과네. 어느 대학에 가려고?"

"대학은 어디든 상관없어요. 그냥 대학 입시를 볼 수 있게 참고서만 골라 주세요."

헌책방 주인은 명박을 한심하다는 듯 쳐다보더니 과목별로

참고서를 골라 주었지.

"전부 합해서 3만 환이야."

그런데 마침 명박의 주머니 속에 딱 만환밖에 없었지 뭐니.

"어? 만 환밖에 없는데요?"

"이 녀석이 장난하나? 지금 뭐하는 거야?"

헌책방 주인은 급기야 화를 내면서 그냥 가라고 소리를 버럭 질렀지. 명박은 다급한 목소리로 주인에게 말했어.

"대학에 가려는 게 아니라 그저 시험이나 한 번 쳐 보려고 하는 거예요."

주인은 명박의 말을 듣더니 화를 누그러뜨리며 물었지.

"대학도 안 가려는 놈이 시험은 왜 보려고?"

결국 명박은 자초지종을 실토할 수밖에 없었대. 대학 중퇴자가 되기 위해 시험을 치르려고 한다고 말이야. 정말 말도 안 되는 이야기였지만 그것이 곧 명박의 진심이었지. 주인은 혀를 끌끌 차며

"별 이상한 놈 다 보겠네."

라고 말하더니 다시 책을 골라 주었지.

"이 책만 열심히 공부해도 대학에 붙을 거다. 있는 돈만 내고 가거라."

"정말인가요. 아저씨?"

"글쎄, 이 책들로 공부하면 대학에 붙을 수 있다니까. 자, 얼른 있는 돈만 주고 가져가. 내 마음 변하기 전에 빨리 가. 이 촌놈아!"

주인은 명박의 등을 떠밀다시피 하며 가게 밖으로 내보냈어. 명박은 너무 고마워 책들을 가슴에 꼭 품고 돌아왔어. 사실 주인이 골라 준 책들은 야간 상고를 나온 명박에게 생소하고 어려운 책들이었지. 하지만 명박에게는 이것저것 따질 겨를이 없었단다. 이미 대학 입시 날짜가 눈앞으로 성큼 다가와 있었거든.

꿈이 있는 사람에게 기회가 온다

무사히 시험을 마치고 드디어 기다리던 합격자 발표일이 되었어. 명박은 조마조마한 마음으로 합격자 발표를 보러 갔어.

'이 명박. 어? 내 이름이 있네?'

명박은 합격자 명단에 당당하게 올라간 자기 이름이 낯설고도 신기했어. 밤새워 공부했던 몇 달이 주마등처럼 머릿속을 스치고 지나갔지. 코피를 쏟아 가며 공부한 덕분에 이제 명박은 당당히 고려대학교 합격자가 된 거야.

'드디어 내 꿈을 이루었구나! 대학 중퇴자가 될 수 있어.'

사실 명박은 가족에게도 알리지 않고 친구 자취방에서 몰래 대학 입시를 준비했단다. 그런데 이상하게도 합격하고 나니 어머니 생각이 나더래. 빨리 자신이 대학에 붙었다는 사실을 알리고 싶었지. 명박은 그 길로 이태원 시장으로 달려갔어.

"어머니, 내가 대학에 합격했어요. 고려대학교요!"

어머니는 깜짝 놀라셨어.

"아니, 네가 언제 공부해서 대학 시험을 쳤단 말이냐. 정말 대학에 합격한 거냐?"

"네, 어머니!"

"아이고, 장하구나. 장해!"

어머니는 정말 기뻐하시며 명박의 등을 두드려 주셨어. 그러

나 어머니는 금세 표정이 어두워지셨어. 명박은 어머니가 왜 그러시는지 알 수 있었지.

"등록금 걱정할 필요 없어요. 대학을 다니려는 게 아니라 대학 중퇴자가 되려고 시험을 본 거예요."

어머니는 어리둥절한 표정을 지으셨어. 명박은 또박또박 말을 이었단다.

"어머니, 저 대학에 안 갈 거예요. 벌써 꿈을 이루었다니까요."

말을 마친 명박은 어머니를 뒤로 한 채 한없이 달렸어. 이상하게도 자꾸 눈에서 눈물이 났거든. 하지만 명박은 중요한 사실을 놓치고 있었어. 대학에 합격한 것만으로는 대학 중퇴자가 될 수 없단다. 입학금과 등록금을 내고 학교에 등록을 해야 했지. 명박은 눈앞이 아찔했어. 시험에 합격하는 일보다 훨씬 어려운 일이 명박의 앞을 가로막은 거야.

이러지도 저러지도 못한 채 전전긍긍하고 있는데, 어머니에게서 연락이 왔어. 어머니는 명박에게 할 얘기가 있으니 빨리 오라고 하셨지. 명박은 어머니를 찾아갔다가 뜻밖의 소식을 들었단다. 어머니가 장사를 하고 계신 이태원 시장 상인들이 명박의 사정을 전해 듣고 일자리를 주기로 했다지 뭐니. 명박에게 시장 청소 일을 맡기고, 입학금과 한 한기 등록금을 선불로 준다는 거야. 믿을 수 없는 일이 벌어졌지. 말 그대로 기적이 일어난 거란다.

'내가 대학생이 될 수 있다니……'

명박은 그때부터 이태원 시장 청소부가 됐단다. 새벽 4시면 시장에 나가 쓰레기를 모아 리어카에 싣고 반포 대교까지 가서 버렸어. 하루에 서너 번 왕복해야만 일을 마칠 수 있었지. 시장 일을 마치고 학교에 갈 때면 늘 녹초가 되었단다. 다른 학생들처럼 친구를 사귀고 동아리 활동도 하는 대학 생활은 애초부터 명박과는 어울리지 않는 것이었어. 명박에게는 그저 학교와 시장을 오가는 생활이 전부였단다. 하지만 명박은 청소부 일이 그저 즐겁기만 했어. 명박에게 대학 졸업장을 안겨 줄 소중한 일자리였으니까.

어머니가 명박에게 고등학교를 포기하라 말씀하셨을 때, 형들 교복과 책을 물려받아야 하는 처지를 비관했을 때가 엊그제 같은데 이제 어엿한 대학생이 되었으니 정말 아무것도 부럽지 않았지.

가만 따져 보면 명박에게 기적이 일어난 것은 이번이 처음이 아니었어. 고등학교에 진학하기 힘들었을 때, 선생님이 끝까지 어머니를 설득하여 명박이 고등학교 시험을 칠 수 있게 도와주셨지. 명박은 등록금이 면제되는 동안만 학교에 다니겠다고 약속하고 들어간 고등학교를 3년 내내 주야간 통틀어 1등을 놓치지 않은 덕분에 무사히 졸업했단다.

이번에는 시장 사람들의 도움으로 첫 등록금을 마련한 후 1학기 등록금만 벌자고 시작한 일이었지. 그런데 운이 좋았는지 벌이가 괜찮아 계속 학교를 다닐 수 있었고 3학년이 되어서는 학생회장에 출마하기에 이르른 거야.

명박의 이야기를 들어 보면 정말 뜻이 있는 곳에 길이 있다는 말이 실감난단다. 진정 하고자 열망하면 안 될 일이 없다는 것이지. 너도 '뜻이 있는 곳에 길이 있다' 有志處在道 [유지처재도], '모든 것은 마음먹기 나름이다' 一切唯心造 [일체유심조]를 깨닫기 바란단다.

10

인생을 경영할 줄 알아야 성공한다

군 면제 판정을 받다

명박은 대학생이 되어서도 이전과 생활이 크게 달라지지 않았어. 대학 등록금을 벌기 위해 꼭두새벽에 일어나 시장에 쏟아져 나온 쓰레기 더미를 싣고 곡예를 하듯 이태원 언덕길을 오르내렸고 학교를 마치고 돌아와서는 바로 어머니 일을 도왔지.

학교에서 강의가 비는 시간만이 명박이 유일하게 가질 수 있는 자기 시간이었어. 명박은 틈만 나면 어디서나 책을 읽었고 사색에 잠겼어. 그리고 자기만의 시간을 갖고 싶어서 군에 입대할 생각을 했지. 군에 들어가면 의식주 걱정을 하지 않아도 되고 어느 정도 적응하고 나면 정신적 여유도 생길 거라 생각했기 때문이야. 그래서 명박은 2학년 1학기를 마치고서 바로 군 입대를 자원했단다.

그때까지만 해도 명박은 시장의 청소부 일을 하면서 학교생활을 했어. 아무리 나이가 젊다고 해도 날마다 새벽 4시에 일어나서 청소부 일을 하고 학교로 가서 공부한다는 것은 결코 쉽지 않았어.

사실 명박은 많이 지쳐 있었고 건강도 좋지 않았단다. 어쩌면 명박은 힘든 현실을 탈출할 방편으로 군 입대를 결심한 건지도 몰라. 이를테면 격무에 시달리는 사람이 '아! 병원이라도 가서 좀 누워 쉬었으면 좋겠다.'고 생각하듯 재충전할 시간을 가지고 싶었는지도 모르지.

그런데 특별한 하자가 없는 한 누구나 통과하기 마련인 신체검사에서 명박은 면제 판정을 받았단다.

"참 이상하네. 젊은 사람 몸이 왜 이래?"

군의관이 고개를 갸웃거리며 명박에게 말했어.

"자네 몸이 정상이라고 생각하나?"

"네? 무슨 말씀이신지?"

"이런 몸은 군대에서도 안 받아 줘. 도대체 몸을 어떻게 다룬 거야? 정밀 검사 한 번 받아 봐."

정밀 검사를 받았더니 이게 웬일이니. 온몸에 성한 곳이 없었어. 특히 명박은 기관지 확장증이라는 진단을 받았는데 기관지가 심하게 늘어져 있다는 것이었어. 일을 하면서 자주 열이 나고 기침이 나서 몸살을 앓은 적이 많았지만 명박은 그저 감기라고만 생각했지. 알고 보니 그게 다 기관지 확장증 때문이라는 거야. 게다가 악성 축농증까지 겹쳐 있는 상태였어.

"군대가 무슨 요양소인 줄 아나? 그 몸으로는 군에 들어갈 수 없네."

당시 기관지 확장증은 근본적인 치료가 불가능한 병이었어. 과로하면 열이 심해져서 군 훈련을 받을 수 없다는 것이 면제 사유였어. 결국 명박은 논산훈련소에서 불합격 판정을 받고 쫓겨났단다. 남들은 할 수만 있다면 군대에 가지 않으려고 하는데 정작 군 입대를 원하는 명박은 면제를 받았으니 웃어야 할지 울어야 할지 알 수 없었지. 후일 방첩대에서 명박이 부정한 방법으로 신체검사에서 면제 판정을 받은 건지 조사를 나오기도 했다는구나.

어머니는 명박이 군 면제 판정을 받은 것을 아시고 처음으로 우셨대. 군대를 못 갈 정도로 아픈 줄도 모르고 일을 시켰다고 자책하셨지. 게다가 약 한 첩을 사 주지 못한 것을 가슴 아파하셨어. 명박은 어머니에게 그저 죄송스러운 마음뿐이었단다.

'남들 다 가는 군대를 가지 못해 어머니 마음을 아프게 하다니, 이런 불효가 어디 있을까?'

명박은 그 길로 병원에 입원해야 했단다. 그러나 다행히도 빠르게 회복해 한 달 만에 퇴원할 수 있었지.

인생과 시간

아버지가 보기에 명박은 불운아 같으면서도 행운아 같기도 해. 명박의 어머니가 새벽마다 드리는 기도 때문일까? 아니면 명박이 마주쳐야 했던 위기가 도리어 기회로 바뀌었을까? 명박은 늘 남들보다 늦게 출발한 것 같지만 결과적으로는 남들보다 먼저 도착하고는 했어. 그것은 명박이 누구보다 시간 관리를 잘했기 때문이란다.

빌 클린턴 전 미국 대통령, 페미니스트 작가 글로리아 스타이넘, 그리고 글로벌기업 IBM의 공통점은 무엇일까? 이들은 모두 시간 낭비를 최소화하고 생산성을 높이기 위해 유명한 시간 관리 전문가인 앨런 라킨의 시간 관리 시스템을 이용했어. 그들은 모두 입 모아 말하지.

"시간을 지배하는 것이 인생을 지배하는 것이다."

시간은 곧 인생이나 다름없어. 시간이란 되돌릴 수도 대체할 수도 없는 가장 유한한 자본이지. 시간을 낭비하는 것은 인생을 낭비하는 것과 똑같은 거야. 그렇기 때문에 시간의 주인이 되면 인생의 주인이 될 수 있단다.

그러므로 시간 관리와 인생 목표(Life Goals)를 세워 시간을 제대로 사용하고 인생의 주인이 될 수 있는 체계를 가져야 하지. 불필요한 활동을 최소화하고 단기적으로 모든 것을 해내는 것만이 시간을 잘 관리하는 것은 아니란다. 그런 종류의 효율은 기계적인 일상을 만들 뿐이야. 재미있고 흥미롭게 살려는 시도가 없기 때문에 극단적으로는 퇴근 시간만을 기다리는 사람으로 만들지. 앨런 라킨은 무슨 일을 하건 인생에서 네 자신의 시간보다 중요한 것은 없다고 말한단다.

오마타 간타 씨가 쓴 《3년 후, 당신의 미래》라는 글을 보면 다음과 같은 이야기가 나오지.

먼저 자신의 본업에 대한 공부를 완벽하게 할 것. 그리고 무슨 일을 하든 철저히 준비하고 실천해야 한다. 그러니 자신이 하고 싶은 일을 정했다면 먼저 같은 업종에 대한 공부를 철저히 하고, 그래도 시간이 남는다면 다른 업종 중 번창하고 있는 곳에 대해서도 공부를 해야 한다. 채소 장사가 철학 공부를 한다고 해도 말릴 수 없다. 자신의 일에 무엇이 필요한지를 알고 있다면 그것이 무엇이든 이치에 맞는 것을 공부하면 되는 것이다. 이것이 앞으로의 시대를 잘 살아갈 수 있는 방법이다.

반면 성공하지 못하는 사람은 본업 이외의 일에 주의를 분산한다. 가령 글로벌 경쟁 시대에 영어 실력이 최고 무기라 해도 본업과 큰 상관이 없으면서 영어를 배우는 데 많은 시간을 투자하는 것은 현명한 선택이 아니다. 단지 주위의 분위기에 휩쓸려 시간을 낭비하는 것이다. 자신의 현재 생활과 미래에 좀 더 도움이 될 일에 몰두하는 것이 낫다.

한발 앞서 가기와 한발 물러나기

무조건 남들보다 앞서가는 것만이 능사는 아니란다. 중요한 것은 시대와 상황을 잘 판단하고 잘 조절할 줄 아는 마음의 상태야. 이에 관해 좋은 글이 있기에 한 번 인용해 보마.

시간의 흐름이 느릴 때는 한발 앞서 가는 사람이 성취감을 누릴 수 있었다. 우리는 지금 한발 앞선 이들의 시대를 살고 있다. 그리고 이 시대는 계속될 것만 같아 보인다. 기술의 진보와 기계의 진보, 그와 관련된 지식, 그 지식을 이용한 산업의 진보는 진보를 부르고 개혁은 개혁을 뛰어넘고 혁명은 또 다른 혁명을 불러온다. 단순한 기계들로부터 시작된 기술은 진보와 개혁과 혁명의 물결을 타고 IT 기술, 나노 기술, 바이오 기술에 이르러 혼합과 융합을 거쳐 통합을 시도하고 있다. 사람으로부터 나온 기술이 사람으로부터 독립하고 이제 그 사람을 지배하고 있는 것이다. 기술의 속도에서 소외되면 힘을 잃는다. 기회마저도 없다. 목숨 걸고 한발 앞서 나가야 한다. 살아남기 위해서 지식의 세계도 기술의 세계와 혼합되고 융합되는 과정을 거쳐 통합에 이르고 있다. 여기서도 앞서지 못하면 기회가 없다. 목숨을 걸어야 하는 이유가 자꾸 생겨난다. 키울 목숨보다 버려지는 목숨이 많은 속도의 시대다. 그래서 속도는 앞서 가는 사람들만의 것이다.

> 이제 시간의 흐름은 빨라졌다. 그렇다면 한발 물러나기를 해야 할 때다. 목숨 걸고 내닫는 모든 것을 먼저 보내면서 그들이 놓친 것들, 미처 챙기지 못한 것들, 급한 나머지 버리고 떠난 것들 사이를 거닐어 보라. 좋은 것은 거기에 다 남아 있는 것을 발견하게 될 것이다. 시간의 흐름이 빠를 때는 한발 물러서 보라. 그러면 어디로 가야 할지 여유롭게 보게 되고 무엇을 챙겨야 할지 알게 된다. 한발 물러서기는 한발 앞서 가기보다 훨씬 많은 것을 누리는 삶이 된다.

교수들을 가르치는 교수로 유명한 미국 미시간대학 조벽 교수는 《나는 대한민국의 교사다》라는 책을 내었단다. 조 교수는 '대한민국 교사들이 불신, 맹신, 허탈감 등에서 헤어날 가망성이 전혀 보이지 않아 마음의 병에 걸렸다'면서 '하지만 병이 낫지 않는다고 한탄만 해서는 안 된다'고 권고하고 있지.

조 교수는 '첫째로 시대의 흐름을 읽어야 한다. 둘째로 교사 스스로 리더가 돼야 한다. 셋째는 당장 시작하라. 넷째는 믿음을 가지고 우리의 장점을 찾는 습관을 가져야 한다. 마지막으로는 새로운 시대의 교수법을 배워야 한다.'고 역설하면서 '남보다 앞서 가는 것이 쉽지 않다. 한발 앞서 가는 사람은 리더요, 두 발 앞서 가는 사람은 이상주의자요, 세 발 앞서 가는 사람은 미치광이다.'라는 재미있는 말을 했단다.

　너무 많이 앞서 가는 사람은 몽상가가 되는 것에 그치기 쉽단다. 정말 성공하는 사람은 나갈 때와 물러설 때를 가늠할 줄 아는 사람이라는 것을 명심하렴.

11

리더십을 경험하라

시위 주동자

1964년, 명박이 대학교 4학년이 되었을 때 학생운동은 정점을 향해 치닫고 있었단다. 군사정권은 이승만 정권 때부터 추진되어 오던 한일 국교 정상화를 서두르고 있었어. 공화당 김종필 의장이 협상 타결을 위해 일본으로 건너가자 3월 24일, 서울 시내의 대학생 5천 명이 들고일어났어.

3월 24일 시위는 군사정권의 강력한 저지에 부딪혀 일단 가라앉기는 했으나 불씨까지 꺼지지는 않았지. 이후 3개월 동안 파상적인 시위가 잇따랐고 성격도 차츰 변했단다. 시위는 대일

굴욕 외교 반대에서 군사정권 타도로 발전해 갔어.

고려대 총학생회장 직무 대행을 맡은 명박은 본격적인 대규모 시위를 준비하고 추진하는 데 앞장섰단다. 1964년 6월 3일 정오를 기해 서울 시내 대학생들이 가두로 진출해 대규모 한일회담 반대 시위를 벌인다는 계획을 세웠지.

이 계획의 수립과 전달은 당국의 감시를 피해 은밀하게 추진되었고, 명박은 그 중심에 서 있었단다. 계획대로 6월 3일 정오,

서울 시내 대학생 1만 2천여 명이 거리로 몰려나와 격렬한 시위를 벌였어. 당국은 비상계엄령을 선포했고 당국이 내린 수배자 명단에는 명박도 포함되어 있었지.

이때 명박은 부산까지 도피하게 되었으나 마땅히 숨을 데가 없었어. 돈도 없고 남에게 신세지는 일도 참을 수 없었지. 명박은 생각 끝에 시경으로 가기로 했어. 잘못한 것도 없는데 도망치자니 억울했거든.

'아! 내가 무슨 잘못을 했단 말인가. 차라리 역사의 심판에 맡기자.'

명박은 당당히 시경으로 갔지. 결국 명박은 필동의 수도방위사령부에 설치된 계엄사령부에서 조사를 받았단다. 군 조사관은 명박이 여간해서 입을 열지 않으니까 갖은 협박을 했어. 그래도 명박은 끝까지 입도 뻥긋하지 않았어. 동지들과의 서약을 지켜야 했거든.

명박은 그 일로 5년 징역형을 언도 받았고, 다른 주동자들도 비슷한 형량을 받고 서대문 형무소로 옮겨졌단다. 감방 고참들은 그들에게 따로 신고식을 시키지 않았어. 죄수들도 반독재 투쟁을 하다 잡혀 온 학생들을 대접했기 때문이지.

감옥에 갇혀 있는 학생들은 사회의 지원을 당연하게 받아 들였고 스스로 소영웅주의에 빠져 들어가는 것처럼 보이기도 했어. 하지만 명박은 감옥 안에서도 잠시도 태만하게 시간을 보내지 않았다는구나.

먼저 학생회장과 총학생회장 직무 대행을 맡으면서 미뤄 둔 공부에 매달렸어. 명박은 그때 인간에게 잠재되어 있는 놀라운 적응력을 체험했지. 처음 얼마 동안은 아침 세면 시간에 주는 물로는 손바닥을 적시기도 힘들었대. 그러나 한 달이 채 안 되어 적은 물로도 얼굴과 손을 충분히 씻을 수 있었다고 해.

어떤 사람이 말하길 '환경에 가장 잘 적응하는 동물은 인간이다'고 했지. 명박은 이때 이 말을 실감했대. 명박은 훗날 이때 체험을 현대에서 일할 때 사막이며 정글 등 그 어떤 오지로 발령을 받아도 몸을 돌보지 않고 남보다 먼저 나갈 수 있었던 남다른 환경 적응력의 원동력이 되었다고 했단다.

흔히 '위대한 리더는 태어나는 것이 아니라 훈련으로 만들어진다.' 하지. 명박에게 감옥 안에서 보낸 시간은 자신을 돌아보고 냉철하게 생각하는 훈련의 기간이 되었단다. 특히 학생운동에 대해 확실한 정의를 내릴 수 있게 되었지.

'학생운동의 범위를 어디까지로 할 것인가? 학생운동은 순수한 열정을 바탕으로 문제를 제기하는 데 그쳐야지 해결하려고 들면 안 된다. 문제를 제기할 권리는 당연히 학생에게도 있지만, 문제를 해결해야 할 역할과 책임은 따로 있다. 또 학생운동을 직업으로 삼아서는 안 된다.'

명박은 감옥 안에서 학생운동에 대해 결론을 내렸단다. 더군다나 명박은 학생운동을 정치인이 되기 위한 경력 쌓기로 이용하는 것을 받아들일 수 없었어.

1964년 10월 말 명박은 대법원에서 징역 3년, 집행유예 5년을 선고 받고 풀려났지. 감옥에서 나와 보니 졸지에 유명 인사가 되어 있었다고 해. 검거, 구속, 재판, 석방 등 그때마다 신문에 났던 모양이야. 당시 외가에서 명박에게 사과 한 궤짝을 올려 보냈는데, 주소가 '서울시 용산구 이명박 앞'이었대. 주소지가 틀린데도 효창동 허름한 두 칸짜리 셋방으로 사과 한 궤짝이 배달될 정도로 명박은 유명해졌지.

참된 리더는 알리지 않아도 뜨게 된다

대학생 월간잡지 《캠퍼스플러스》가 2007년 봄, 창간 1주년 기념으로 전국 대학생 1925명을 대상으로 정치의식을 주제로 한 온라인 설문 조사를 벌였어. 그 결과 응답자 중 873명(45.4%)이 '지지하는 정당이 없다'고 답했단다. 흔히 말하듯 정치의 무관심이 반영된 것이지.

한나라당을 선호 정당으로 꼽은 응답자는 721명(37.4%)이었고 열린우리당 160명(8.3%), 민주노동당 81명(4.2%), 통합신당과 민주당 각각 30명(1.6%)으로 뒤를 이었어. 자신의 정치 성향에 대해 '중도 개혁'(35.2%)이란 답이 가장 많았지. 그 뒤를 이어 '중도 보수'(20.4%), '중도'(18.4%), '진보'(12.5%), '보수'(5.7%) 순이었어. '관심 없다'(7.8%)는 응답도 있었지.

그런데 흥미로운 것은 대학생들이 선호하는 차기 대통령 후보 1순위가 이명박 전 서울 시장이었다지 뭐니.

숫자를 보면 이명박 전 서울 시장이 1050명(54.5%)으로 1위에, 박근혜 한나라당 전 대표가 304명(15.8%)으로 2위에, 손학규 전 경기지사가 280명(14.5%)으로 3위에 올랐다고 해.

보통 생각할 때, 이명박 전 서울 시장의 이미지는 매우 보수적이지 않니? 진보적이라 생각되는 대학생들이 절반 이상이나 이명박 전 서울 시장을 지지한다는 것은 그의 리더십이 어느 정도 이 시대와 사람들에게 어필되고 있다는 뜻이 아닐까 싶구나.

또 한 가지 재미있는 사실은 지지 후보를 결정할 때에 가장 중요하게 생각하는 기준으로 1253명(65.1%)이 '업무 추진력'을 꼽았다는 점이야.

《캠퍼스플러스》도 '대학생들이 진취적 리더십을 중시하는 성향이 있음을 알 수 있으며 이명박 후보가 높은 지지를 받는 게 이와 연관된 것으로 판단된다.'고 밝혔단다.

사실 학생운동가 출신인 명박은 1965년 현대건설 경리 사원으로 입사했으나 불과 12년 만에 36세의 나이로 사장직에 올라 샐러리맨들의 우상이 되었지.

이로 미루어 볼 때, 예나 지금이나 청년 실업에 시달리는 젊은 이들이 기대하는 것은 똑같은 것 같구나. 열정과 담력, 저돌성이고 정주영 명예 회장과 닮았다는 평가를 받는 명박은 이미 검증된 리더십을 몇 번이나 보여 주었단다.

언젠가 명박은 이렇게 회고한 적이 있어.

"한국에서 전문 경영인은 사장이 아니라 사장급 직원에 불과하다. 하지만 나에게 기회를 준 것은 현대건설이라는 조직이 아니라 지금은 고인이 된 정주영 회장이었다고 나는 믿는다. 정주영 회장이 내게 기회를 주지 않았다면 나는 어쩌면 평생 경리 업무만 보았을지도 모른다."

리더가 될 일을 하라

성공하는 리더와 실패하는 리더의 차이는 작은 행동 하나 하나에서 시작한단다.

팻 맥라건이 쓴 베스트셀러 《바보들은 항상 결심만 한다》는 많은 사람들이 두려워하는 변화의 실체를 밝힘으로써 긍정적이고 건설적인 방향으로 변화하는 힘을 키워 주는 책이지. 과거 잘나가던 기업들이 오래 버티지 못하고 후발 주자에게 선두를 내주거나 시장에서 퇴출되는 사례를 분석해 보면, 외부 환경 변화에 둔감한 리더십이 실패의 주요 원인인 경우가 상당수란다. 변화에 둔감한 리더들은 미래에 무엇을 성취할 것인가를 고민하기보다 지금까지 자신이 성취해 놓은 것을 지키려고 하는 경향이 강해 기존의 관행이나 고정관념을 탈피하지 못하고, 구성원들의 창조적 실험 정신을 고무하려는 의욕과 노력이 부족하기 때문에 끝내 실패하고 말지.

성공하는 사람이 되려면 위기를 잘 관리해야 한단다. 위기관리 능력은 스스로 단체를 만들고 이끄는 일을 할 때 키울 수 있어. 그 래서 요사이 기업들은 신규 직원을 채용할 때 대학에서 학업 외에도 활동을 많이 한 사람, 동아리 대표를 지낸 사람을 우선 채용한단다. 그것은 동아리 활동을 많이 한 사람이 훨씬 회사 내에서 리더십을 더 잘 발휘하기 때문이지.

12

슬픔은 가슴으로 안아야 한다

어머니는 영원히 살아 계신다

고려대학교 시절, 명박은 학생회장에 피선되고 또 6·3 학생 시위 문제로 도피와 투옥으로 이어진 1년을 보내며 세상을 보는 눈이 완전히 바뀌게 된단다.

명박은 이 시기를 가리켜 '애벌레가 날개를 달아 하늘을 나는 곤충이 되는 것 이상으로 완벽한 탈바꿈을 거쳤다.'고 말했지. 흔히 말하는 환골탈태(換骨奪胎)가 이때 이루어진 거야.

그때 명박은 처음으로 이 세상을 바라보면서 '이제는 내가 혼자 설 수 있겠구나.'라고 생각했대. 더불어 명박에게 삶과 생각

의 뿌리인 어머니가 그의 곁을 떠날 준비를 하고 있었기에 그 생각은 더욱 깊어졌지. 일본에서 돌아온 뒤 20년이 넘도록 단 하루도 편히 잠을 자지 못했던 어머니는 결국 몸에 이상이 생기기 시작했단다.

어머니는 명박이 감옥에 있는 동안 딱 한 번 면회를 오셨지. 그때 어머니는 명박에게 다음과 같이 말씀하셨어.

"명박아, 나는 네가 별 볼일 없는 녀석인 줄 알았다. 그런데 알고 보니 너야말로 대단한 녀석이더구나. 나는 네 소신이 옳다고 생각한다. 네 소신대로 행동해라. 이 어미는 너를 위해 늘 기도하고 있다."

어머니는 말씀을 마치고 홀연히 면회실을 나가셨지. 어머니는 곁에서 보고 있던 교도관이 안타까워 면회 시간을 더 주었지만 마다하실 정도로 심지가 굳은 분이셨어. 이후 어머니는 병세가 갈수록 악화되었단다. 7남매를 낳아 키우며 두 자식을 가슴에 묻어야 했던 어머니는 명박이 석방되자 긴장이 풀려 병이 급격히 악화되었지. 결국 명박이 석방된 지 한 달 만에 돌아가셨어.

어머니는 참으로 한 많은 일생을 사셨지만 자식들을 반듯하게 키워 내셨고 자식들을 위해 아낌없이 희생하셨지. 명박은 어머니가 돌아가신 게 마치 제 잘못 같아서 마음이 아프고 괴로웠지만 그 슬픔을 가슴에 묻고 남은 대학 공부에 매진했지. 그리고 당당히 대학을 졸업하고 꿈에도 그리던 직장인이 되었단다.

슬픔을 딛고 새롭게 출발하다

명박은 감옥에서 지낸 경험을 통해 세상을 보다 적극적으로 바라보는 눈이 생기고, 깊고 냉철하게 생각하는 법을 배웠지. 그리하여 어머니 없이 한 사회인으로 바로 서게 되었단다.

명박은 슬픔을 딛고 새롭게 출발하는 것만이 어머니의 죽음을 헛되이 하지 않는 거라고 믿었어. 사람이 살다 보면 슬픈 일을 겪지 않을 수 없단다. 이별이나 죽음과 같은 슬픔은 사람이라면 누구나 다 겪어야 하는 일이지.

중요한 것은 그 슬픔을 이겨 내고 새로운 출발을 위한 발판으로 삼느냐 아니면 과거의 슬픔에 빠져 헤어 나오지 못하고 주저 앉느냐 하는 거야.

음악의 어머니로 일컬어지는 헨델도 슬픔과 아픔을 딛고 일어선 음악가란다. 헨델은 40년 동안 영국을 비롯한 유럽에서 오페라 작곡가로 널리 이름을 떨쳤으나 자신이 얻은 명성을 덧없이 느꼈지. 1741년 8월, 나이 들고 빈털터리가 된 헨델은 뇌출혈로 몸의 한쪽 부분이 마비되어 제대로 걸을 수조차 없게 됐어. 그러던 어느 날이었지. 찰스 기본이라는 한 시인이 헨델을 찾아왔단다. 찰스는 헨델에게 성경 본문을 가지고 작사한 시를 건네며 작곡해 줄 것을 제안했지. 처음 헨델은 아무 생각 없이 시를 받아 읽었어. 그러나 읽을 수록 점점 얼굴이 달라졌지.

'그는 멸시를 받아…… 간고를 많이 겪었으며, 질고를 아는 자라. 그를 위로하는 자가 아무도 없으니.'

이사야 서의 말씀은 헨델의 상처들을 모두 어루만져 주는 듯 했지. 헨델은 찰스가 건네준 시를 통해 '예수 그리스도가 많은 고통을 겪었다.'라는 말씀을 보고 자신이 처한 고난을 이겨 내어야겠다는 강한 믿음이 생긴 거야. 예수 그리스도가 고난을 통해 완전하게 되었다면 자신도 고난을 통하여 완전하게 될 수 있다고 믿은 거지. 그리고 헨델이 작곡한 곡이 바로 그 유명한 오라트리오 '메시아'란다.

이처럼 다시 새롭게 출발하려면 과거의 슬픔과 상처에서 자유로워져야 해. 헨델이 병과 빚이라는 고난을 딛고 '메시아'라는 훌륭한 곡을 작곡했듯 고난을 극복해 나가는 사람은 이전보다 더 위대한 인물이 될 수 있는 거야.

13
꿈은 이루어진다

큰 꿈을 이루기 위한 첫 도약

1965년, 명박은 마침내 대학을 졸업했단다. 하지만 명박은 아직 자유롭지 못했어. 6.3사건으로 내란선동죄라는 전과 딱지를 붙이고 있었거든. 몇 군데 입사 시험을 치렀지만 번번이 면접에서 떨어졌지. 실의에 빠져 있던 명박에게 오랜만에 희소식이 찾아왔단다. 대학에서 대구에 있는 소규모 섬유 업체를 추천해 준 거야. 그런데 명박이 출근한 지 나흘째 되는 날, 사장이 명박을 불렀어.

"이군, 회사 일을 하면서 내 자식 공부 좀 가르쳐 주게."

명박은 사장의 부탁을 듣는 순간, 직감적으로 그곳이 자기의 꿈을 채워 줄 비전 있는 회사가 아니라는 것을 알았대. 그래서 그 길로 대구를 떠났다는구나. 명박의 첫 직장 생활은 이처럼 싱겁게 끝났어.

명박이 대구를 떠난 또 다른 이유는 신문 한 구석에서 작은 광고를 발견했기 때문이란다.

'해외 건설 현장에 나가 일할 역군 모집'

현대건설이란 회사에서 태국 현지에서 일할 사원을 모집한다는 내용이었어. 명박은 당시 현대건설에 대해 아는 것이 거의 없었어. 기업 자체가 아니라 해외로 나간다는 사실이 명박의 마음을 사로잡은 거야. 명박이 곧바로 현대건설에 지원한 것도 해외에 나가면 국내보다 더 돈을 많이 벌 수 있으리라는 확신 때문이었어.

명박은 1965년 5월 현대건설에 입사 원서를 냈어. 1차 필기시험을 치르고 초조하게 결과를 기다렸지. 다행히도 1차 필기시험에 붙어 1965년 6월 면접시험을 보게 되었어. 그리고 마침내 최종 합격 통지서가 날아와 7월 1일부터 출근하게 되었지. 드디어 직장인 이명박, 샐러리맨 이명박이 탄생한 것이란다. 날마다 뻥튀기 장사를 하며 부끄러워 고개를 들지 못하던 사춘기 소년이, 노동자 합숙소에서 끼니를 굶던 청년이 어느새 번듯한 직장인이 되어 꿈을 이룬 거야. 이로써 명박은 큰 꿈을 이루기 위한 첫 도약을 시작했단다.

도전해야 꿈을 이룰 수 있다

지금 생각하면 명박이 직장인이 된 게 뭐 그리 대단하나 싶을 거야. 하지만 가난이란 자식들에게 대물림된다는 속성이 있단다. 그래서 개천에서 용이 나기 힘들다고 말해. 그만큼 당시 명박에게 샐러리맨이 된다는 꿈은 매우 이루기 힘든 꿈이었어.

생각해 보렴. 가난한 집안의 야간 상고생 출신이 고려대학교를 졸업해 이 나라 굴지의 기업인 현대에 들어가는 게 어디 보통 일이니?

하지만 '모험 없는 곳에 이익도 없다.(Nothing Venture Nothing Have)'는 말이 있듯 도전하는 사람만이 꿈을 이룰 수 있단다.

최근 우리나라는 세계 경제 무역 규모로 10위에 접어들었지.

이것은 모두가 벤처 정신으로 무장하고 도전하겠다는 의지로 노력했기 때문이야.

위험하다거나 실패할 가능성이 높다고 도전하지 않는 사람은 결국 아무것도 이룰 수 없어. 명박이 대학 중퇴자라도 되겠다는 마음으로 대학 입시에 도전하지 않았다면 오늘날 샐러리맨의 우상이 될 수 있었을까?

너도 도전해야만 꿈을 이룰 수 있다는 사실을 깨닫고 '내가 생각하는 꿈은 이루기 너무 힘들어. 그냥 내 꿈은 꿈으로 남겨 놓을래.' 라고 하지 않기를 바란단다. 할 수 있는 데까지 최선을 다해 노력하다 보면 그곳에서 다시 길이 열린다는 것을 늘 기억하려무나.

더 높은 곳을 향해 뛰어올라라
탐 피터스는 '어떤 일에 있어서도

위대함과 평범함 혹은 불쾌함의 차이는 바로 자기 자신을 날마다 창조할 수 있는 상상력과 열망을 갖고 있느냐 하는 것'이라고 말했어.

아버지는 지난번 KTX를 타고 부산에 다녀오며 두 시간 만에 책을 한 권 다 읽었단다. PING이라는 책이었어.

PING은 우물 안 개구리 '핑'의 자아실현(自我實現) 기록이야. 주어진 대로 그럭저럭 사는 삶이 아니라 '내가 도달할 수 있는 최고의 모습, 내가 만끽할 수 있는 최상의 나'를 향해 풀쩍 뛰어오르는 삶! 그 어떤 개구리도 성취하지 못한 기적을 만든 한 개구리의 여정을 통해 우리 인생을 반추할 수 있게 하는 따뜻하면서도 감동적인 우화란다.

PING에 나오는 등장인물은 딱 둘이야. 개구리 핑과 핑의 선생 부엉이 옹이. 부엉이 선생은 '실수는 극복하면 되지만 나태함은 영혼을 질식시킨다.'라고 말해.

성공하는 사람은 항상 현실에 대해 만족하거나 안주하지 않는단다. 안주한다는 것은 자신에게 주어진 탤런트(재능)를 땅에 묻어 두는 것과 같거든. 핑 역시 그대로 살았다면 우물 안 개구리에 불과했겠지. 핑을 변화시킨 것은 연못의 물이 차츰 말라 간다는 위기의식이었어. 다른 생물들은 모두 별 걱정 없이 살아가고 있었지만 개구리 중에서도 특히 점프를 잘했던 핑은 마음껏 능력을 펼칠 수 없는 연못이 내심 불만이었어.

마침내 연못은 완전히 말라 버렸고 핑은 일주일 동안 고민한 끝에 새로운 연못을 찾아 나선단다. 처음에는 신 나게 길을 떠났지만 바깥세상은 결코 만만하지 않았어. 핑은 높이가 수백 미터를 넘는 나무 덩굴에 갇혀 죽을 위기에 처하게 됐어. 때마침 지혜로운 부엉이가 나타나 핑을 시험한단다. 비록 아직 아무것도 몰랐지만 새로운 세상으로 가고 싶다는 열망으로 가득 차 있던 핑은 부엉이의 시험을 통과하고 부엉이는 기꺼이 핑의 스승이 되었지.

그때부터 핑은 새로운 연못으로 가기 위해 혹독한 수련을 시작한단다. 핑은 날마다 뼈를 깎는 듯 고된 훈련을 반복하면서 자기 목표와 비전을 뚜렷이 세워 나가지. 자기 꿈을 이룰 수 있을 만큼 실력을 갖추기 위해 부단히 노력한 끝에 핑은 전혀 다른 종으로 진화하게 돼.

아버지는 미래를 바꾸고 싶다면 언제가 아니라 바로 지금부터 해야 한다는 것을 이 책을 읽고 절실히 깨달았지.

패기로 가득 찼던 젊은이들이 한 살, 두 살 나이를 먹어 가면서 점점 꿈을 축소하거나 목표하던 직업이나 입사의 꿈을 이루고도 이내 걸림돌에 걸려 좌절하거나 금전적인 이익이나 눈앞의 달콤함 때문에 꿈을 포기하는 경우가 주변에서 숱하게 있단다.

너희가 살아가며 경험하게 되는 부정적인 단어들이 얼마나 많니? '나는 이만큼밖에 할 수 없어.', '그런 엄청난 일을 할 수 있을 리 없잖아. 꿈도 꾸지 마.', '꿈은 꿈이었을 뿐이야. 현실은 냉혹해.' 하고 스스로 발목을 잡는 마음의 진흙탕. 게다가 '누군가 어떻게 해 주겠지.', '이건 내 소관이 아니야.', '물이 말라 가는 것, 환경이 오염된 것이 내 탓은 아니잖아?' 하고 방관하는 태도가 덧붙여지면 삶은 그저 그렇게 참고 살아가야 하는 것으로 전락하고 만단다. 그때 필요한 것이 바로 '더 높은 곳을 향해 뛰어오르는 것'이야. 그것은 익숙한 것과 작별을 고하고 전혀 다른 세계로 나아가는 모험을 뜻해. 너희 10대는 그러한 꿈과 열정으로 가득해야 할 나이란다.

14

꾼은 꾼을 알아본다

병을 이기면 오히려 더 건강해진다

우여곡절 끝에 현대에 입사한 명박은 드디어 사원으로서 생활을 시작했단다. 사원을 공개 채용한다는 취지 하에 공채 제도를 채택한 정주영 회장은 강릉에서 신입 사원 연수회를 가졌지. 신입 사원들과 기존 사원들의 단합과 경영진과의 격의 없는 대화를 통한 회사의 발전이 목적이었어.

항상 신입 사원들의 패기를 즐기던 정 회장은 신입 사원들과 함께 술도 마시고 노래도 부르고 씨름도 하고 배구도 했단다. 밤에는 캠프파이어를 하며 '저 달이 질 때까지' 술을 마셨다고 해. 그러나 정말 달이 질 때까지 남은 사람은 정 회장과 이명박, 다른 한 사람 이렇게 세 사람뿐이었다는구나.

명박은 당시를 이렇게 회고한단다.

"당시 회사는 대졸 신입 사원을 28명 뽑았다. 정 회장은 소주 잔을 높이 들었다. '취한 놈들은 뒤로 빠져라. 계속 술을 돌리며 마시는 거다.' 결국 이 모 씨와 나 둘만 남았으나 이 모 씨는 더 마시지 않았다. 달이 지도록 마시자는 약속을 지키기 위해 나 혼자 잔을 들고 있었다."

정 회장과 약속을 지키기 위해 명박은 저 달이 지도록 술잔을 내려놓지 않았어. 정 회장은 다부지고 배짱 있는 명박을 눈여겨 보게 되었단다. 꾼은 꾼을 알아본다고나 할까.

누군가 그러더구나. 명박이 술을 너무 즐겨서 술이 세다고 하지만 그것은 오해라는 거야. 사실은 어릴 때부터 너무 가난해서 끼니를 제대로 잇지 못하다 보니 이웃에 있는 술도가에서 가져온 술지게미를 하도 먹어서 알코올에 내성이 생긴 탓이라고.

우리가 병에 걸리면 병의 원인이 되는 항원에 대항해 싸우는 항체가 우리 몸속에 만들어진단다. 이 항체가 병과 싸워 이길 수 있게 하지.

항체는 사람을 포함한 모든 동물의 혈청 속에 있어. 생체의 일정한 조직이 어떤 항원과 접촉했을 때 이것에 대응하여 생기는 항체를 면역 항체라고 하고, 그것이 일으키는 항원항체반응의 종류에 따라, 침강소·응집소·용혈소·항독소·아나필락시스 항체 등으로 나뉘지. 사람의 혈액형의 응집소 등은 동종간의 적혈구와 항원항체반응을 일으키는 항체이므로 동종 항체라고 하며, 태어날 때부터 가지고 있는 항체라는 뜻에서 정상 항체라고도 하여 면역 항체와는 별개로 취급한단다.

명박에게는 어릴 적 가난이 그를 힘들게 하고 아프게 하는 항원이었어. 명박은 밥 대신 술지게미를 먹으며 커야 했지만 그 덕분에 가난과 술을 이기는 항체를 갖게 되었어.

우리의 삶 또한 이와 같아. 고난을 겪는 것이 꼭 나쁘지만은 않은 것은 한 번 병을 이긴 사람은 다시 같은 병에 걸렸을 때 쉽게 낫듯 고난이나 고통도 싸워 이겨 본 사람이 쉽게 이길 수 있기 때문이란다.

빈대에게도 배우는 사람이 되어라

언젠가 이야기한 적이 있다만, 명박을 이해하는 데 없어서는 안 될 분이 고 정주영 전 명예 회장이란다. 그분 역시 소를 팔고 받은 돈을 아버지 몰래 들고 서울로 와서 결국 이 나라 최고의 건설 회사를 세운 분이시지.

정 회장이 시골에서 서울로 올 때 넓은 강을 건너야 하는데 호주머니에 돈이 한 푼도 없었대. 아침부터 망설이다 마지막 배를 탔지. 내릴 때 돈이 없다고 하자 사공은 사정없이 뺨을 후려쳤어. 사공이 말했어.

"네 이놈, 어떠냐? 후회하지?"

"네, 아저씨."

"후회할 짓을 왜 해! 이놈아, 조그만 놈이 공짜로 배를 타다니."

"뺨 맞은 것을 후회하는 게 아니라 뺨을 한 번 맞으면 배를 그냥 탈 수 있는데 탈까말까 허비한 시간 때문에 후회하고 있어요."

또 한 번은 이런 일도 있었지. 정주영 회장이 청년 시절, 인천

부두에서 막노동을 할 때였어. 정 회장은 한 푼이라도 아끼려고 노동자 합숙소에서 잠을 잤어. 합숙소의 낡은 벽 틈에 빈대가 많았지. 고된 노동으로 몸이 아주 피곤한데도 빈대가 무는 바람에 잠을 설치기 일쑤였어. 밤마다 빈대와 전쟁을 치렀지만 그 많은 빈대를 감당하기엔 역부족이었어.

정 회장은 합숙소 안에 있던 기다란 밥상을 가져와 그 위에 올라가 잠을 잤지. 그래도 빈대들은 상다리를 타고 올라와 정 회장을 괴롭혔다는구나. 그때 정 회장은 기발한 생각을 하나 했어. 수돗가에서 대야 네 개를 가져와 상다리에 하나씩 받치고 거기에 물을 부어 두었지. 아무리 악착같은 빈대라도 대야에 담긴 물에 빠질 수밖에 없다고 생각했거든.

'이제는 안심이다. 물에 빠져 죽으려거든 기어올라 와 봐라.' 그런데 이게 웬일이니? 그날도 역시 빈대들의 공격을 받아야 했던 거야. 정 회장은 도대체 저 많은 빈대들이 어떻게 탁자 위로 올라왔는지 궁금했지. 불을 켜고 자세히 살펴보니 글쎄 빈대들이 벽을 타고 천장으로 올라가 그를 향해 공중 낙하를 하지 뭐야. 순간 정 회장은 저도 모르게 감탄했대.

'빈대들이 어떻게 저런 기발한 생각을 했을까? 아아, 빈대도 살기 위해서 저렇게 노력하는구나.'

빈대도 자기 앞에 놓인 장애물을 극복하려고 애쓰며 사는데 사람이 그보다 못하겠니? 삶의 가장 밑바닥에서 시작해 대한민국 최고의 비즈니스맨으로 성공한 정주영 회장의 성공 비결은 이때 얻은 깨달음이 아닐까 한단다.

정주영 회장은 불도저라는 별명이 있었어. 일단 마음먹은 사업을 무섭게 밀어 붙이는 추진력 때문에 붙은 별명이지. 1970년대 초반, 울산 모래벌판에 세운 조선소는 모두가 불가능하다고 말한 사업이었어. 자본도 기술도 없던 시절, 그곳에 조선소가 세워지리라고 믿었던 사람은 오직 정주영 회장뿐이었지. 정주영 회장은 울산 모래벌판의 사진 한 장을 달랑 들고 당시 우리나라 1년 예산의 반에 해당하던 4500만 불의 차관을 받으려고 영국으로 건너갔단다. 정주영 회장은 영국 바클레이 은행을 찾아가 은행장에게 말했어.

"조선소를 지으려고 하는데 돈이 없소. 그러니 돈을 좀 빌려 주시오."

"아니, 배를 만드는 게 애들 장난감 만드는 것인 줄 아시오? 기술도 경험도 없는 회사에 어떻게 돈을 빌려 줄 수 있겠소? 죄송하지만 안 되겠소."

정 주영 회장은 내심 불쾌했지만 잠시 마음을 가다듬고 다시 말했어.

"이 지폐를 보시오. 이것은 우리나라 500원짜리 지폐인데 여기 이 그림 속의 배가 500년 전에 한국에서 만든 철갑선이오. 우리 조상들이 만들어 해전에서 연전연승했던 그 배란 말이오. 역사상 가장 위대했던 조선 강국이 바로 우리나라, 코리아란 말이오."

정주영 회장의 설명을 들은 은행장은 그제야 고개를 끄덕였지. 은행장은 이순신을 알고 거북선도 알고 있다 했어. 이렇게 해서 정주영 회장은 차관 도입과 선박 수주에 성공했단다.

현대 직원들조차 고 정주영 전 명예 회장과 관련한 일화 중 '거북선이 그려진 500원짜리 지폐로 차관 도입과 선박 수주를 성공한 일'(52.3%)을 가장 인상적인 일화로 꼽을 정도야.

이런 정주영 회장 눈에 명박이 띄지 않을 리 없었지. 진정한 프로는 꾼이라고도 할 수 있어. 진정한 꾼은 발상을 전환하는 데 명수란다.

　예를 들어 볼까? 무작정 진흙을 얼굴에 바를 여자는 없겠지만 진흙에다 '땅의 기'라는 해석을 달면 어떨까? 아마 훌륭한 화장품이 되어 너도나도 사려고 할 거야.

　하자가 있는 옷은 팔 수 없지만 누더기에 가까운 중고품 청바지는 비싼 값에 팔리기도 하잖니. 누구나 만지기 싫어하는 뱀역시 혐오 동물이지만 그 가죽으로 만든 지갑이나 벨트는 모두가 좋아하는 상품이지.

　노트북은 '컴퓨터를 들고 다니게 만들 수 없을까?' 하는 발상에서 비롯되었으며 워크맨은 '오디오를 들고 다니게 할 수 없을까?' 하는 의문에서 시작되었어. 이처럼 어린아이와 같은 호기심으로 세상을 바라볼 때라야 새로운 시장의 흐름이 보인단다.

15

성공의 인프라를 놓아라

때론 뚝심도 필요하다

청년 명박은 본격적으로 현대에서 일을 시작하게 되었어. 처음에는 기대했던 대로 바로 태국에 나가 일할 줄 알았지. 그런데 생각과 달리 경부고속도로 건설에 투입되어 일하게 되었단다.

당시 정주영 회장은 장비의 수리를 독촉하는 전화를 하루에도 몇 번씩 걸었어. 그때마다 장비에 대해서 잘 모르던 명박에게 호통을 쳤지. 그러던 어느 날, 명박은 작정하고 불도저 한 대를 해체했어. 기계에 대해서 부품부터 샅샅이 알기 위해서였지. 건설 회사에서 일을 하려면 가장 기본적이고 기초적인 지식이 없으면 안 된다고 생각했거든. 그 덕분에 명박은 가장 중요한 토목 장비인 불도저의 구조와 성능, 부품들을 훤하게 꿸 수 있게 되었지.

그런데 얼마 뒤 또 다른 곳에서 문제가 발생했단다. 당시 최대의 골재 생산 업체였던 공영사가 분진 방지 시설을 약속하고도 지키지 않은 거야. 공영사는 당당하게 청와대에서 레미콘을 공급해 달라는 부탁을 받았다며 현대와의 약속을 지키지 않으려 했지.

명박은 공영사를 직접 찾아가 마지막 경고를 했는데도 아무 반응이 없자 공영사의 진입로를 불도저로 깊숙하게 파 버렸어. 명박에게 곧바로 청와대에서 문책하는 전화가 걸려 왔고 현대 본사에서도 힐책하는 전화가 걸려 왔대. 그러나 명박은 강력히 주장했어.

"공영사가 먼저 우리와 약속을 지키지 않았습니다. 청와대에 납품하는 일이 얼마나 중요한지 모르겠으나 우리 중장비가 가동되지 않으면 고속도로 공사에 막대한 차질이 생깁니다."

그때 현대 측에서는 명박에 대해 그저 둘러 댈 수밖에 없었다고 해.

"원리원칙만 아는 젊은 과장입니다. 세상물정을 모르고 그랬던 모양이니 양해해 주십시오."

결국 불도저라 불렸던 정주영 회장은 자신을 능가할 또 다른 불도저를 키우고 있었던 셈이지.

기초가 세워져야 크게 성장한다

경부고속도로 이야기가 나오니 이에 대한 이야기를 하지 않을 수 없구나. 명박이 근무하던 현대건설이 새롭게 도약할 수 있었던 계기가 바로 경부고속도로의 건설이었단다. 경부고속도로는 명실상부 우리나라 최초의 인프라였기 때문이지.

경부고속도로는 1971년 8월 31일 서울-부산간고속도로(고속국도 1)로 지정되었으며 명박이 현대에 입사한 지 몇 년이 되지 않았던 1968년 2월 1일 착공하여 1970년 7월 7일 전 구간이 왕복 4차선 도로로 준공, 개통된 뒤 1985년 4월부터 1987년 12월까지 남이~회덕 간 21.7㎞ 구간이 중부고속도로가 건설될 때 왕복6차선으로 확장되었단다. 기존의 철도·국도와 중복을 피하면서 수도권과 영남공업지역 및 인천항과 부산항의 2대 수출입항을 연결하는 동시에 전국을 1일 생활권으로 묶는 한국의 대동맥 역할을 맡았지. 경부고속도로는 건설될 당시 많은 반대가 있었지만 국가적인 사업으로 성사되었고 결과적으로 21세기 한국 발전의 위대한 선택이 되었지.

아버지는 너희에게 인생에서 먼저 해야 할 일과 나중에 해도 될 일을 구분할 줄 아는 지혜에 대해 이야기해 주고 싶구나. 모든 일에는 분명 순서가 있단다. 집을 짓기 전에 설계도를 만들어야 하고 기계를 만들기 전에도 설계도가 있어야 하듯이 일에도 먼저 해야 할 일과 나중에 해야 할 일이 있어. '급하다고 바늘허리에 실 매어 쓸까?'라는 속담이 있잖니. 왜 그런 속담이 있을까? 그것은 어떤 일이든 올바른 순서가 있다는 뜻이야. 마음만 앞서 순서를 지키지 않는다면 일이 성사되기 힘들단다.

요사이 아버지가 건물을 짓느라 정신이 없는 것을 알지? 건물을 지을 때를 생각해 보자. 너도 보아서 알겠지만 먼저 기초를 놓아야 해. 그런데 아버지가 건축 현장을 가까이서 보니 기초를 놓는 데만 10일 이상이 걸리더구나. 처음에는 건물 바닥에 들어

가는 것이 왜 그리 많은지 의아했단다.

우리 건물을 짓고 있는 유승운 소장님 말씀을 따르면, 건물을 지으려면 건물 바닥에 수도관, 하수도관, 도시가스관과 화장실 배관, 마지막으로 전기와 통신관까지 묻어야 할 관이 자그마치 수백 미터가 넘는다고 해. 자연히 시간이 걸릴 수밖에 없지. 또 건물의 기둥이 올라갈 자리에 앙카볼트를 박는 것도 잊으면 안 된다는구나.

이러한 기초와 하부 조직을 갖추는 것을 전문 용어로 인프라 (infra)를 만든다고 해. 인프라는 'in·fra·struc·ture'의 준말로서 단체 등의 하부 조직(구조)이나 사회의 기본 시설, 경제 기반을 놓는 것을 말하지. 아버지는 너희 삶에도 먼저 이러한 인프라를 구축해야 하는 일이 중요하다는 것을 말하고 싶구나.

인프라의 중요성을 설명하려면 우리나라가 1968년 시작한 경부고속도로 건설 사업을 말하지 않을 수 없단다. 박정희 전 대통령은 경제와 군사력이 있어야 우리나라가 세계 속의 한국으로 성장할 수 있다고 생각했어. 박정희 전 대통령은 서독으로 직접 가서 아우토반(독일 고속도로)을 만져 보면서, 한국에도 이와 같은 고속도로를 만들어야 한다고 생각했지.

그리하여 1968년부터 현대건설을 비롯한 여러 회사들에 의해 경부고속도로 착공에 들어간단다. 물론 그 과정에 어려움도 많았어. 야당 의원들은 경부고속도로가 환경 훼손의 주범이 될 수 있다는 등 여러 의견을 내놓았지. 그러나 박정희 전 대통령과 민주공화당은 이를 묵살하였단다. 박정희 전 대통령은 현지를 답사하면서 공정을 수시로 확인했어. 공사는 불도저로 주로 시행했지만 터널 공사 등은 정말 힘들었다고 해.

경부고속도로는 차근차근 공사가 진행되면서 단계적 개통을 시작한단다. 1968년 12월에는 서울-수원 간 고속도로가 개통되고 1년 뒤인 1969년 12월 19일에는 대구-부산 간 고속도로가 개통되었지. 마지막 공사구간인 대전-대구 간이 1970년 7월 7일에 개통하면서, 경부고속도로는 완공되었어.

경부고속도로 개통으로 한국의 고속성장의 서막이 오르게 되었지. 그전까지 아프리카 수준이던 우리 경제는 나날이 헤아릴 수 없을 만큼 성장하여 경제 개발도상국에서 드디어 중진국으로 진입했단다. 경부고속도로로 인해 교통이 편리해지고 물류

비용이 절감되면서 수출입이 크게 늘어났어.

박정희 전 대통령에 대해서는 지금도 많은 시비가 있지만 그가 우리나라의 인프라를 구축한 일은 그 가치를 인정해야 되지 않나 싶구나.

경제개발에서 인프라의 중요성은 새삼스럽게 이야기할 필요가 없단다. 이런 가정을 해 보자. 만약 네가 걸리버처럼 표류하다가 어떤 지역에 가서 왕이 되었어. 그런데 그 나라가 너무 가난한 거야. 너라면 나라를 잘 살게 하기 위해 무엇부터 하겠니?

가장 먼저 해야 할 일은 도로와 항만, 그리고 비행장과 통신 전력과 같은 인프라를 구축하는 일이란다.

마찬가지로 너희 인생에서 성공도 인프라 구축과 매우 밀접한 관계가 있지. 지(知), 덕(德), 체(體)라고 말하는 것이 바로 너희가 청소년기에 세워야 할 중요한 인프라야. 아는 것과 덕을 배우는 것, 그리고 건강한 몸을 가지는 것이 그 어떤 자질보다도 중요한 인프라가 된다는 것을 깨닫고 이에 대한 구체적인 자기 준비가 있으면 좋겠구나.

예를 들자면 지(知)를 위해서는 적어도 책을 한 주에 1권 이상 읽겠다는 계획을 세우고, 덕(德)을 위해서는 종교를 가지거나 자기를 돌아보는 시간을 갖는 등 구체적인 실천을 하고, 체(體)를 위해서는 운동을 날마다 꾸준히 할 수 있겠지. 그런 측면에서 지금 학교에서 배우고 있는 모든 일들이 청소년기의 인프라 구축 사업과 다름없어.

사실 인프라를 구축하는 매우 힘들단다. 왜냐하면 지금 당장 열매를 얻는 일이 아니라 먼 미래에 열매를 얻기 위하여 기반을 닦는 일이기 때문이지. 너희가 지금 놀고 싶은 마음을 꾹 참고 교실에 앉아 있는 시간이 힘들 듯 말이야.

16

난관과 장애를 역이용하라

불리한 상황을 역이용하다

1970년대 초반, 현대는 울산에 조선소를 세우기 시작했단다. 워낙 큰 사업이어서 자금 압박이 심했지. 임금을 4, 5개월 체불해야 하는 위기까지 다다랐어. 당시 젊은 나이에 중역의 자리에 오른 명박은 중역회의에서 긴급 제안을 했단다.

"중역 여러분도 이미 아시다시피 자금 사정이 벼랑 끝에 몰렸습니다. 임금을 동결할 수밖에 없습니다. 다만 현장 근로자와 정 사장님께는 월급을 평상시처럼 지급합시다."

모든 사람들이 현장 근로자에게 월급을 지급하는 데 대해서는 이의가 없었어. 그러나 정주영 사장에게 특별 대접을 하는 것에는 불만스러워했어. 명박은 그 이유를 차근차근 설명했지.

"정 사장님께서는 울산 현장에서 밤낮을 가리지 않고 일을 하고 계십니다. 만일 사장님께 월급이 나가지 않으면 사장님은 '이거, 자금에 문제가 생겼구나.' 하면서 걱정에 시달리게 됩니다. 지금은 사장님의 사기를 올려 드리는 것이 중요합니다."

사람들은 명박의 설명을 듣고 모두 고개를 끄덕였어. 명박의 지혜 덕분에 조선소 공사는 순조롭게 진행되었단다.

당시 명박은 자신에게 주어진 난관과 장애를 역이용하는 데 달인이었어. 그 예를 들어 볼까. 명박이 1968년 '태국 고속도로 건설공사'를 마치고 귀국했을 때의 일이야. 명박은 천대받던 중기사업소에 배치되었지만 절망하지 않고 긍정적으로 받아들였어.

'주위 사람들의 연민과 동정 속에 부임한 중기사업소는 월급쟁이로서 무덤이 아니라, 승리의 발판이었던 것이다'라고 명박은 자평했단다. 이처럼 낙관적 역발상을 즐긴 명박은 천대받던 중기사업소를 오히려 경부고속도로 건설의 핵심적 기관으로 규정

했어.

또한 자신을 중기사무소로 보낸 정주영 회장에게

'이미 나에게 공장의 책임을 맡기려는 복안을 가졌던 것 같다' 는 신뢰를 표시했지. 상황이 불리할수록 더 유리한 상황을 만들 수 있다는 역발상의 인물이 바로 명박이었단다. 이 모든 것은 어려서부터 위기를 기회로 바꾸는 체험을 여러 번이나 했기 때문이 아닌가 싶구나.

참된 리더는 자신에게 주어진 불리한 상황을 더 큰 성공의 발판으로 역이용하는 낙관적 사고와 불굴의 정신을 가져야 한단다. 이처럼 명박은 참된 리더로서 자질을 갖추고 있었던 거야.

비 오는 날 대비하기

사람이 살다 보면 항상 맑은 날만 있지 않단다. 비가 오고 천둥과 번개가 치는 궂은 날이 있듯 인생에서도 어렵고 힘든 날이 있지. 언제 있을지 모르는 인생의 궂은 날을 대비하는 것은 네게 큰 약이 되어줄 게다.

《30대 신화는 늦지 않다》는 책을 낸 이은정 씨는 한때 '입사

4년 10개월 만에 상무가 된 32세의 여자'라고 신문에 나곤 했어. 그분이 쓴 글을 보면 아버지께서 늘 '비 오는 날을 대비하라'고 말씀하셨다는 이야기가 여러 번 나온단다.

비 오는 날을 대비하라는 말은 무슨 뜻일까? 비율적으로 볼 때 맑은 날이 많지만 가끔은 흐리고 궂은 날이 있지. 때로는 소나기가 퍼붓고 폭풍우가 몰아치는 날도 있단다. 이것은 날씨에 국한되는 것이 아니라 인생을 살면서도 똑같이 경험하게 되지.

이 아버지도 그랬단다. 초등학교 4학년 때 네 할아버지가 편찮으시지만 않았다면 하는 마음이 들 때가 참 많아. 아버지가 고등학교를 졸업하던 해에는 네 할머니까지 편찮으셔서 온 집안에 먹구름이 드리워졌지. 그것은 전혀 예상치 못했던 태풍이 몰아친 것과 같았단다. 내가 실수하거나 잘못하지 않아도 사고나 문제는 생길 수 있어. 다른 곳에서 생긴 사고나 문제가 나에게 영향을 미칠 수 있기 때문이지. 그러니 항상 좋은 일만 있을 것이라고 생각하고 마음의 준비를 소홀히 하면 예상하지 못했던 어려움이나 시련이 닥쳤을 때, 우울증에 걸리거나 무기력증에 걸려 자포자기(自暴自棄)하게 된단다.

문제가 생겼을 때는 스스로 자신의 상황을 진단해야 해. 예를 들면, 타진법이라는 게 있어. 수박을 두드려서 익었는지 안 익었는지 알아보고, 항아리를 두드려서 튼튼한지 튼튼하지 못한지를 알아보듯 의사들은 사람의 몸을 진찰할 때 두드려본단다. 바로 그처럼 스스로 자신의 상황을 늘 두드려 확인해 봐야 하는 거야.

똑, 똑, 똑.

지금 나는 어떤 상태인가?

제대로 길을 걷고 있나?

축 처져 있는 것은 아닌가?

내 안에 비치는 내 모습은 어떠한가?

나는 지금 건강한가?

나는 이 위기를 잘 견디어 낼 수 있을까?

항상 자신과 대화하면서 긍정적인 방향으로 생각하면 반드시 맑은 날을 맞이할 수 있는 것이 인생의 법칙이란다.

17

높이 올라갈수록 겸손하라

직위와 권위

한국 건설업이 한창 해외로 진출하던 1970년대, 한국의 회사 문화는 아직도 문제투성이였단다. 선진화된 경영 기법으로 무장된 외국 기업의 눈으로 볼 때 한국은 아직도 경영 수준이 후진국 수준을 벗어나지 못하고 있었지.

특히 외국 기업체의 간부들은 한국 기업의 중역들이 운전기사와 요리사, 비서들과 타이피스트들을 개인적으로 거느리고 있는 것을 이해하지 못했어.

당시 이미 선진국에서 선진 경영을 체험하고 돌아온 명박은 한국 기업의 경영 현실에 대해 뼈아픈 반성을 했지. 명박은 사장이 된 뒤에 중역들에게 손수 운전할 것을 '강요'했단다. 이러한 명박의 경영 혁신 사례를 배웠기 때문인지 1980년대 중반에는 공무원 사회에서도 국장급이 개인 기사를 쓰지 않게 되었어.

명박은 결재 방식도 바꾸었다고 해. 연공서열(年功序列)대로 올라오는 결재 방식의 느슨함을 경쟁력의 장애 요소로 보았던 거야. 명박은 각각 일의 담당자와 결정권자가 직접 연결되는 방식을 택했어. 가장 처음 일을 기획한 담당자가 그 일에 대해서 가장 많이 알고 있다고 생각했거든.

보통 최고 경영자는 아랫사람을 만나려고 하지 않는단다. 그에 따르는 부작용이 있을 수 있고 중간간부들이 불편해 한다는 이유 때문이지. 그러나 명박은 경영인으로서 일을 신속하고 생산적으로 처리하기 위하여 아랫사람과 자주 만나는 것을 원칙으로 했어. 그러자 업무의 효율성이 높아지고 평사원들에 대한 신뢰와 책임감이 심어져서 회사 전체 분위기가 아주 좋아졌다지 뭐니.

와아브 시장과 이라크 상륙작전

사우디아라비아의 쥬베일 산업항 공사를 수주하는 과정에 사우디아라비아와 갈등이 불거졌어. 그래서 명박은 사우디아라비아를 벗어나 다른 건설 시장을 찾기 시작했단다. 바로 이라크였지.

당시 이라크는 사담 후세인이 혁명에 성공한 뒤 사회주의국가가 되어 국교가 없는 한국 기업들에게 비자를 발급해 주지 않았지. 그러나 이라크 정부의 투자 계획이 매우 야심찼고 현대건설이 이라크 제2의 도시 바스라 하수 처리시설 1단계 공사 입찰에서 고육지책으로 값싸게 투찰한 덕분에 이라크 진출의 1차 교두보를 마련하는 데 성공했단다.

하지만 겨우 만난 이라크의 기관이 보인 첫 반응은 냉담할 뿐이었대. 그때 명박은 바그다드 시장 와아브에서 실오라기 같은 희망 하나를 찾았다고 해. 와아브는 혁명에 깊숙이 관여한 인물이었지. 와아브와의 면담은 쉽지 않았어. 몇 번에 걸친 면담 요청 끝에 간신히 만날 수 있었지만 허용된 시간은 단 10분이었어.

명박은 자신도 가난한 나라에서 태어났으며 가난 극복은 개인의 차원을 넘는 국가적인 사명이고 우리가 정직하고 근면하다는 사실 등을 강조하여 함께 가난에서 일어나려는 동지적 입장을 강조했어. 결국 명박은 면담 시간을 당초 허락받은 10분에서 2시간으로 늘릴 수 있었단다.

밑바닥에서 일어선 사람은 겸손을 안다

요즘 여자 아이들이 좋아하는 가수 '비'의 좌우명이 뭔지 아니?

'끝없이 노력하고 끝없이 인내하고 끝없이 겸손하자'란다. 비의 좌우명이야말로 청소년들이 새겨들어야 할 말이라고 생각되는구나.

지난 2005년, 가수 비는 우리나라에서 최고 브랜드 가치를 가진 남자가수로 선정되었어. 원래 좋아하는 대상을 닮는 법이란다. 아버지는 비를 좋아하는 청소년들이 비의 노력하고 인내하며 겸손해하는 모습을 꼭 배웠으면 좋겠구나.

언젠가 KBS FM 이금희의 〈가요산책〉 프로그램에서 비의 인터뷰가 나온 적이 있었어. 비는 인터뷰에서 매우 흥미로운 이야기를 했단다.

나는 노래와 춤 한 곡을 완벽히 익히기 위해서 한 달 반 정도를 끊임없이 연습해야 한다. 무대에 선 3~4분 동안 내 능력을 150~200% 발휘하며 무대를 압도해야 하는데, 그럴 수 있으려면 이 정도의 연습이 반드시 필요하다. 오른손잡이가 왼손으로 식사를 하고 싶다면 연습을 해야 한다. 하지만 웬만큼 연습을 해서는, 식탁에 앉으면 나도 모르게 오른손이 나와 수저를 잡게 된다. 정말 피나는 연습을 해서 몸에 완전히 익숙해져야 무의식적으로 왼손이 나와 수저를 잡는 것이다. 노래와 춤도 무대에서 무의식적으로 나올 정도가 되려면 많은 연습이 필요하다. 무대에 서 있는 동안에는 '내가 최고다. 내가 그 누구보다도 잘한다'라고 생각하며 노래를 부르고 춤을 춘다. 그런 생각을 갖고 임해야 무대를 압도할 수 있다. 하지만 무대에서 내려오면 겸손해져야 한다고 생각한다. 나는 다른 가수들을 보며 나보다 훨씬 멋지게 잘한다며 감탄하곤 한다.

감탄이 절로 나오던 비의 노래와 춤 솜씨가 그런 피나는 연습의 결과였던 것을 알게 되니 머리가 절로 숙여지더구나. 비야말로 춤에 대해 불광불급(不狂不及)한 사람 같았단다.

문명은 열악한 환경 속에서 생겼다

언젠가 〈스타 인간극장〉에서 비의 이야기가 나온 적 있었단다. 비의 아버지는 방앗간을 하며 살고 계시더구나. 그분은 아내와 한눈에 사랑에 빠져 결혼했고 두 아이를 낳아 남부럽지 않게 오순도순 사셨다고 해. 아내와 열심히 일한 덕분에 아이들을 키우기가 그리 힘들지 않았대.

비의 집안이 경제적인 어려움에 처한 것은 99년 초부터였어. 어릴 때 남부러울 것이 없이 자라던 비는 중학교 입학과 함께 큰 변화를 맞아야 했지. 아버지의 사업이 실패하면서 가세가 급격히 기운 거야. 2층 단독주택에서 용산의 허름한 전셋집으로 이사한 뒤부터 모든 것이 달라졌다고 하지.

아버지는 돈을 벌기 위해 아픈 아내와 어린 남매를 남겨 두고 브라질로 떠났지만 결국 빈손으로 돌아오고 말았다는구나. 그 때문에 당뇨병을 지병으로 앓고 있던 어머니가 대신 생활 전선에 나서야 했대. 비는 그렇게 어려운 상황 속에서 뼈를 깎는 노력 끝에 성공한 거야. 그러나 안타깝게도 비의 어머니는 지난 2002년, 비가 데뷔한 직후 돌아가시는 바람에 비의 성공을 끝까지 지켜보지 못하셨단다.

비의 어린 시절 이야기는 일본 방송과 신문에서도 소개될 정도였어. '지금은 크게 성공했지만 이전에는 경제적으로 고생해 정말 밥도 제대로 먹지 못한 채 연습을 했다'고 보도하자 일본의 팬들은 비를 더 좋아하게 되었다고 해.

듣자하니 비는 오디션도 몇 번이나 떨어졌다고 하는구나. 실패와 좌절을 딛고 부단히 노력한 결과, 마침내 비는 한국 최고의 가수가 받는 상을 수상하기에 이른 거야.

춤에 한창 빠져가던 중학생 시절, 비는 소위 '춤 좀 춘다'는 사람들이 모이는 이태원에서 그들의 춤을 보고 돌아와 그대로 따라 연습하는 게 일상이었다고 해. 하지만 어린애가 그런 자리에 기웃거리면 돈을 빼앗기거나 맞는 일이 허다했지. 어느 겨울에는 새로 산 점퍼와 돈을 모두 빼앗기고 반팔 차림으로 이태원에서 집까지 걸어온 적도 있었다는구나.

당시 비는 이를 악물고 추위를 견디며 '내 언젠가는 너희보다 더 춤을 잘 출 것'이라는 오기를 품었대. 이런 비의 악바리 같은 모습은 어머니의 죽음을 계기로 더욱 심해졌지. 어머니가 돌아

160

가실 때까지 방치했다는 죄책감은 최고의 가수가 되겠다는 독기로 변해 갔고, 비는 잠자는 시간까지 줄여가며 스스로를 단련했다는구나. 그때 비는 '악바리' 근성으로 뭉쳐진 '독종'이라는 게 인터뷰를 했던 기자의 소감이었어.

가수 비, 아니 연습생 시절 지훈이는 학교와 연습실, 병원을 오가며 고생했어. 한창 연습을 하던 시기에 어머니의 병이 악화되자 지훈이는 박진영에게 어머니 이야기를 했지. 그러자 박진영은 병원비가 없어서 제대로 치료를 받지 못하는 지훈이의 어머니를 서울대학병원으로 옮겨주었다고 해. 하지만 지훈이의 어머니는 병원비를 걱정하지 말라는 말에도 불구하고 '아들에게 부담을 줄 수 없다'며 퇴원을 강행했다고 하는구나. 그렇게 힘든 생활을 버텨낸 가족들이었지만 어머니는 그해 초겨울, 심부전증에 의한 패혈증으로 끝내 눈을 감으셨단다.

비의 이야기에서 느끼는 것은 '성공은 부모가 만드는 것이 아니라 환경이 만들고 시대가 만든다'는 거야.

아버지는 네게 말 그대로 '문명은 자연환경이 좋은 곳이 아니라, 자연환경이 열악한 곳에서 꽃피웠다'는 사실을 깨달으라고 하고 싶구나.

초등학교 때, 혹은 중학교 때 성적이나 실력이 평생 가는 법은 없단다. 지금까지 잘했다고 자랑하지 말고 못했다고 슬퍼하지 마렴. 인생은 단거리 경주가 아니라 장거리 레이스이기 때문이지.

눈앞에 어려운 일이 닥친다고 해도 겸손을 잃지 않고 계속 노력하면 반드시 좋은 결과를 얻는다는 법칙을 깨닫기 바란다.

18
약속을 지킬 때 사람들이 따른다

20년 만에 지킨 약속

명박이 태국 고속도로 현장에서 경리로 있을 때 십장으로 일하던 최 씨라는 분이 있었단다. 최 씨는 혼자 대졸 직원 열 명 몫을 해내던 억척이었대. 그런데 최 씨가 작업 지시에 반발하는 태국인들에게 총격을 받고 입원하는 일이 벌어졌지 뭐니. 결국 최 씨는 한 달 뒤에 세상을 떠나고 말았단다. 최 씨가 세상을 떠나기 이틀 전에 명박을 불러 이렇게 말했어.

"이 경리는 유능해서 장차 큰일을 하게 될 거요. 그때 내 가족이 찾아가거든 모르는 척하지 마시고 딱 한 번만 도와주시오."

명박은 이국땅에서 고생하다 죽어 가는 최 씨를 바라보며 '내가 할 수 있는 일은 무엇이든지 돕겠다.'고 약속했지.

그로부터 20년이 지난 어느 날, 사장이 된 명박은 뜻밖의 전화를 한 통 받았어. 바로 태국에서 함께 일했던 최 십장의 부인의 전화였어. 비서실을 통해 연결된 전화에서 최 씨의 아내는 떨리는 목소리로 한 번 뵙고 싶다고 말했지. 명박은 흔쾌히 '제가 최 씨를 기억합니다. 한 번 찾아오세요.'라고 말했어.

얼마 뒤, 최 씨의 부인은 명박을 찾아와 낡은 편지 한 장을 건넸어. 편지에는 '아무리 어렵더라도 부인 힘으로 아들을 잘 키우고, 정 어려운 일이 있을 때 딱 한 번만 이 사장을 찾아가 보시오'라고 적혀 있었단다.

부인은 남편의 유언대로 아들을 공업고등학교까지 졸업시켰으나 그 뒤에 아들이 어디에도 취직하지 못했던 거야. 그때 남편의 편지가 생각나 명박을 찾아온 것이었지. 20년 전, 태국에서 보낸 편지가 20년 만에 명박을 찾아온 셈이었어.

부인은 명박에게 힘겹게 아들의 취직을 부탁했고 곧 부인의 소망대로 아들은 현대건설에 입사해 곧바로 해외 건설 현장으로

나가게 되었단다. 명박이 부인에
게 다른 도움이 필요한지 물었으
나 부인은 고개를 저으며 이렇게
말했대.

  "남편이 딱 한 번만 부탁하라고 했으
니 있다 해도 더 부탁하지 않겠습니다."

  그 후 부인은 두 번 다시 명박을 찾아오지 않았다는구나.

  명박은 좋은 인연을 만나는 행운도 있는 인물이란다. 좋은
자질과 능력도 좋은 인연을 만나지 못하면, 꽃피고 열매 맺지 못
하는 수가 있지. 명박은 자질과 능력을 갖추었을 뿐만 아니라 어
려운 고비마다 좋은 인연을 만나 도움을 받았어.

  명박이 대학에 진학하기로 마음먹고 헌책방을 찾아갔을 때
도 마찬가지야. 그때 헌책방 주인은 문과와 이과도 모르던 명박
에게 3만환짜리 대학 입시 참고서들을 1만환에 주었지. 그 덕분
에 명박은 고려대학교에 합격할 수 있었단다.

  명박이 고려대학교 상대 학생회장에서 총학생회장 직무 대
행을 맡은 것도 행운이었지. 고 정주영 전 명예 회장과의 만남은

두 건설 야전 사령관들의 운명적 인연이었어. 명박이 바그다드 시장 와아브를 통해 이라크 실세들과 맺은 인연 역시 현대의 중동 건설 성공에 큰 동력이 되었지.

이러한 인연들이 지속되기 위해서 가장 필요한 것이 무엇인지 아니? 바로 신뢰란다. 신뢰란 사람과 사람 사이의 믿음이지. 신뢰가 싹트고 커지려면 무엇보다 약속을 잘 지켜야 한단다.

약속은 결단력이 있어야 지킬 수 있다

미국의 에이브러햄 링컨 대통령이 마차를 타고 켄터키 주를 방문할 때였어. 한 육군 대령이 대통령에게 얼음을 탄 위스키를 권했대. 링컨은 정중하게 거절했지.

"대령, 성의는 고맙지만 사양하겠소."

잠시 뒤 대령은 담배 한 개비를 꺼내 대통령에게 권했단다. 링컨은 대령에게 거듭 사양의 뜻을 전하며 이야기를 하나 해 주었지.

"내가 아홉 살 때 어머니께서 나를 침대 곁에 앉혀 놓고 말씀하셨소. '에이브야, 이제 나는 회복이 불가능하단다. 죽기 전에 한 가지 약속해 주렴. 평생 술과 담배를 입에 대지 않겠다고 약속해 줄 수 있겠니?' 그날 나는 어머니께 약속했소. 그리고 지금까지 이 약속을 지켜 왔소. 이것이 내가 술과 담배를 거절하는 이유라오."

대령은 링컨에게 머리를 숙여 존경의 뜻을 표했단다. 이처럼 링컨은 의지가 강한 인물이었어.

약속은 두 가지가 있는데 하나는 자신과의 약속이고 다른 하나는 타인과의 약속이지. 자신과의 약속은 의지를 통해 지켜질 수 있어. 그리고 의지는 결단을 통해 지킬 수 있는 것이란다.

이 세상에서 가장 무서운 사람은 강한 의지를 가지고 결단하는 사람이란다. 결단한다는 말은 냉정하다는 말이 아니라 자기 관리에 철저하다는 말이야. 아버지는 네 나이 때 온 가족을 책임져야 하는 소년 가장이었단다. 공부를 계속할 수 없을 정도로 형편이 어려웠지. 당시 아버지가 헤쳐 나가야 할 문제는 한두 가지가 아니었어. 하지만 그때마다 아버지는 어린 시절에 읽었던 많은 위인들의 이야기를 떠올렸어.

책에서 읽었던 위인들은 한결같이 역경 속에서도 굴하지 않고 어릴 때 자신과 한 약속을 지키기 위하여 애썼단다. 원래 그런 사람들만이 위인이 되는 것인지 아니면 어려운 환경이 위인을 만드는 것인지 알 수 없었지만 아버지가 보기에는 위인들은 모두 굳은 의지를 가지고 결단했더구나.

명박 역시 자신과의 약속에 강한 의지를 가지고 결단하는 사람이라는 생각이 들었어. 아버지는 명박을 보며 자신과의 약속을 반드시 지키는 사람에게는 신용과 부와 명예가 선물로 돌아온다는 것을 확신할 수 있었어.

잠언 중에 이런 말이 나오지. 너도 이 말을 가슴 깊이 새기길 바란단다.

네가 자기 사업에 근실한 사람을 보았느냐? 이러한 사람은 왕 앞에 설 것이요. 천한 자 앞에 서지 아니하리라.

168

19

주인의식을 가져라

항상 주인으로 살아라

명박은 해외에서 걸려 오는 어떤 전화든 직접 받았단다. 새벽 1시나 2시에도 마찬가지였어. 일이란 것은 때에 따라 단 몇 분을 다투기도 하니까.

또 명박은 전화를 받을 때에 매우 신경을 썼단다. 늦은 시간이라고 해서 졸린 목소리로 혹은 귀찮다는 듯이 전화를 받으면 상대방이 어떻게 생각하겠니? 그래서 명박은 시간에 상관하지 않고 언제나 활기찬 목소리로 직접 받았어. 항상 낮에 사무실에서 통화하는 것처럼 명료한 음성으로 전화를 받고 내용을 메모

했단다. 물론 그러려면 언제 어디서든 긴장을 유지하기 위해 반복해서 연습해야 했지. 사람들은 명박이 항상 자연스럽게 통화하는 것을 보고 천부적인 재능이 있는 줄 알았어. 하지만 그 뒤에는 이처럼 끊임없는 반복과 강한 의지가 있었던 거야.

사람들은 명박에게 가정이 있는지 궁금해 했어. 그렇게 일을 하면서 어떻게 가정을 잘 돌볼 수 있는지 신기했지. 명박은 가정에 대한 질문을 받을 때마다 자신의 아내가 가정을 '경영'하고 있다고 말했단다.

명박이 현대건설 사장을 맡은 1970년대 후반부터는 일 년의 절반 이상을 해외에 나가 있는 경우가 많았어. 하지만 이런 상황에서도 아이들은 명박을 자상한 아버지라고 말했단다. 일을 하느라 아이들에게 해 준 것이 별로 없는데 말이야.

어떤 비결이 있기에 명박이 아이들에게 자상한 아버지가 될 수 있었을까? 그것은 바로 아내가 챙겨 주는 아이들의 일정표 덕분이라고 하더구나. 일정표에는 아이들의 소풍 날, 시험

날짜 등 연례행사는 물론이고 요즘 자주 만나는 친구와 그 친구의 집안에 대해서까지 꼼꼼하게 메모되어 있었다고 해. 명박은 해외 현지에 나가 바쁘게 일을 하면서도 틈틈이 한국에 전화를 걸어 아이들과 대화를 했단다.

항상 아이들의 일정을 챙기며 세심하게 격려하고 위로해 주면 아이들은 '아버지가 그걸 어떻게 아셨어요?'하며 놀라곤 했대. 자연히 아이들은 '우리 아버지는 내게 이렇게 관심이 많으시구나.'라고 생각했지.

이렇듯 사람은 어떠한 상황에서도 상황을 지배하고 주체적으로 이끄는 주인이 되어야 한단다. 내 일과 가정은 물론이고 모든 일에 대해서 능동적으로 대처하고 열정과 노력을 투자해 삶의 당당한 주인이 되도록 하자꾸나.

결단력이 강한 사람이 노력파가 된다

네덜란드 자유대학(The Free University)에서 미술사 교수로 봉직했던 한스 로크마커(H.R.Rookmaaker) 교수는 그의 저서 《예술은 변명을 요하지 않는다(Art needs no justification)》에

서 1800년경 일본의 대표적인 화가였던 호쿠사이에 대한 감동적
인 일화를 소개한단다.

　어느 날, 지인이 호쿠사이를 찾아와 수탉 그림을 그려 달라고
부탁했어. 호쿠사이는 일주일 뒤에 오라고 말했지. 일주일 뒤에
그가 찾아 왔을 때 호쿠사이는 약속을 2주일 연기해 달라고 했
어. 그가 2주일 뒤에 다시 찾아오자 이번에는 두 달을, 그다음에
는 반년을 연기했어.

　그런 식으로 3년이 흘러가자 지인은 더 기다릴 수 없다며 매

우 화를 냈어. 그러자 호쿠사이는 그 자리에서 붓과 종이를 꺼내어 순식간에 수탉을 그려 주었단다. 입이 딱 벌어질 만큼 훌륭한 그림이었어. 지인은 그림을 보고 더욱 화를 냈지.

"이렇게 금방 그려 줄 수 있으면서 왜 3년씩이나 기다리게 했소?"

호쿠사이는 말없이 그를 자신의 화실 안으로 데리고 들어갔어. 놀랍게도 화실 안은 호쿠사이가 지난 3년 동안 밤낮으로 그린 수탉 그림으로 가득 차 있었지. 지인은 그것을 보고 진심으로 머리를 숙이고 사과할 수밖에 없었다고 해.

아들아! 자신과의 약속에 충실하지 못한 사람은 결코 성공할 수 없단다. 이내 결심이 무너져 노력할 수 없기 때문이지. 이것은 예술에만 국한되는 이야기가 아니야. 부단히 땀을 흘리며 노력하지 않고서 참다운 프로가 될 수 없어. 그러므로 프로란 약속의 사람, 결단의 사람이라고 말할 수 있지.

아버지는 네가 인생에서 참다운 프로로 살 수 있기를 진정으로 바란단다.

20
신념을 가지고 결단하라

서귀포에서 내린 결단

1991년 12월31일, 명박은 중대한 결정을 내려야만 했단다. 그는 영일만의 푸른 바다를 보며 마음을 가다듬었어. 앞만 보고 달려왔던 지난 50년을 돌아보고, 과연 자신에게 주어진 천명이 무엇인지에 대해 곰곰이 생각했지.

일본에서 태어나 자라던 시절, 해방된 조국을 향해 몸을 실었던 귀향선의 난파, 잔혹했던 전쟁과 어린 시절의 가난, 힘겨운 학창 시절, 꿈을 향해 진학한 고려대학교, 학생운동, 감옥살이, 어머니의 죽음, 현대 입사, 그리고 현대에서 보낸 27년, 20대

이사, 30대 사장, 40대 회장에 이르기까지 사람들이 '신화의 주인공'이라 말하는 자신의 인생을 뒤돌아본 것이란다. 남들은 신화라고 부를지 모르지만 명박에게 그의 인생은 겹겹이 둘러싸인 위기와 수많은 도전들로 가득한 냉혹한 현실이었어. 하지만 명박은 모든 역경을 우회하지 않고 정면으로 돌파했지. 아버지가 생각하기에 사람들은 명박의 돌파력을 신화라고 부르는 것 같구나.

명박이 바다에서 서성이고 있을 때, 그의 아내가 조용히 뒤를 따라 걸었지. 아내는 명박의 고민을 알고 있는지 별다른 말을 하지 않았지.

명박은 1992년 새해 첫날 또다시 아내와 함께 서귀포 바닷가를 걸으며 마음을 다잡았어.

'이 운명을 거역하지 말자.'

이때 명박의 아내는 다시금 그의 결의를 격려해 주었다고 해.

"당신 뜻대로 하세요. 당신 신념대로 결정했으면 당신답게 밀고 가세요. 우린 그 결정이 최선이라고 믿고 따를 거예요."

명박은 자신이 없어도 현대는 전진을 멈추지 않으리라고 확신했어. 그래서 그날로 정치권으로 나아갈 수 있었단다.

당시 정주영 회장은 정치에 뜻을 두고 대통령 선거를 준비하고 있었지. 명박 역시 새로운 출발을 준비하게 되었어. 북방을 개척하면서 정치의 중요성을 실감하고 있었거든.

명박이 전문 경영인으로서 가장 고민한 것은 전문 경영인의 관계에 대한 봉건적인 정서였지. 명박은 그 정서에 뿌리 깊은 의리 의식이 더해져 어떠한 일이든 맹목적으로 기업주를 따르는 것이 옳다는 식의 사고방식에 동의할 수 없었단다. 진정한 전문 경영인은 주인보다 더 주인답게 일해야 한다는 교훈을 남기고 싶었던 거야.

물론 정치는 기업 경영과 다른 면이 많단다. 가능성에 대한 문제를 넘어 가치관의 공유가 필요하고, 역사에 대한 자긍심과 비전이 있어야 하지. 국가 발전에 대한 총체적인 목표, 합목적적인 지향점이 필요하단다.

훗날 명박이 정주영 회장과 다른 길을 걷기 시작했을 때, 실제로 많은 사람들이 왜 자신을 성장시켜 준 정주영 회장과 함께하지 않느냐고 물었지. 하지만 명박은 이때 어떠한 변명이나 해

명을 하지 않았단다. 왜냐하면 시간이 지나면 모두가 자신의 진심을 올바르게 이해해 줄 것이라는 믿었기 때문이야.

어느 여비서의 채용

명박이 현대에서 일할 때 여비서를 채용한 적이 있었어. 당시 모집 공고를 내자 많은 사람들이 지원했지. 그런데 그중 최고 점수를 받은 응시자가 현대자동차 노조 편집장의 여동생이었어. 노조와 경영자의 사이가 좋기는 힘들지. 그러다 보니 그녀는 최고 점수를 받고도 최종 명단에서 떨어졌단다. 누가 봐도 탈락한 이유가 그녀의 오빠 때문인 것을 알 수 있었지. 그때 명박은 생각했단다.

'유능한 인재가 이런 이유로 탈락되는 것이 정당한가? 이 여학생이 살길이 뭘까? 어딜 가도 이런 식이라면 영원히 일할 곳이 없겠구나.'

명박은 자신이 젊은 시절에 운동권 학생이라는 이유로 입사에 어려움을 겪었던 일이 떠올랐어. 여기까지 생각이 미치자, 명박은 그녀를 직접 만나 보기로 했지.

명박은 그녀를 만난 뒤 '내가 책임지겠다.'며 그녀에게 합격 통지서를 보냈어. 그리고 여러 가지 일과 바쁜 일정 때문에 그 일에 대해서 잊고 지냈지.

그러던 어느 날이었어. 명박은 외국 손님과의 리셉션 준비로 그때 채용했던 여비서와 동행을 하게 되었단다. 함께 차를 타고 가면서 문득 입사 당시의 생각이 떠올라 그녀에게 물었지.

"힘들지 않느냐?"

여비서는 방긋 웃으며 대답했어.

"새벽에 출근해 밤에 퇴근하느라 6개월 동안 한 번도 친구들을 만나지 못했어요. 하지만 저는 이 일이 참 즐겁습니다."

명박은 아무렇지 않게 오빠를 자주 만나는지 묻고 가족들의 안부를 물었단다. 그녀는 아버지가 편찮으셔서 지방에 있는 오빠가 주말이면 집에 올라온다고 대답하며 가족의 안부를 물어 감사하고, 자신을 입사하게 해 줘서 감사하다고 했어. 두 사람은 편하게 대화를 나눈 뒤 일을 처리하고 다시 각자의 일터로 돌아갔단다.

그런데 얼마 뒤, 현대자동차의 사장이 명박을 찾아와 넌지시 그 여비서의 이야기를 꺼냈어.

"현대자동차의 노조 편집 방향이 온건하게 바뀌었습니다. 혹시 그 여비서를 통해 영향력을 행사하셨습니까?"

명박은 웃으며 대답했단다.

"이보게, 나는 단지 그녀의 능력을 높게 평가해 정당한 결정을 내렸을 뿐이네. 다른 의도는 전혀 없어. 노조는 느끼는 바에 따라 일을 처리했을 것이네."

당시 현대 그룹은 현대자동차를 위시해서 현대중공업 등 울산 지역의 노사 문제로 매우 심각하고 어려운 상황을 겪고 있었단다. 하지만 명박은 복잡하고 어려운 문제일수록 피하거나 강요하려 하지 않고 정직하고 성실하게 대처해 나갔어. 아마도 명박의 그러한 모습과 회장실에서 근무하는 여동생을 통해 노조 편집장인 그녀의 오빠가 느낀 점이 합쳐져서 현대자동차 노조의 방향이 바뀐 것이겠지. 이 일로 인해 명박은 문제 해결의 기본이 무엇인지를 새롭게 느꼈다고 하는구나.

신념이 없는 사람은 날마다 결심만 하다가 인생을 허비한다는 것을 아니?

아버지가 초등학교 4학년일 때 네 할아버지가 뇌졸중으로 쓰러지셨단다. 가장이 쓰러졌으니 당장 가족의 생계가 걱정이었지. 그래서 아버지는 새벽에 신문을 돌려야 했어. 졸린 눈을 비비며 신문을 돌리는 것은 아직 어린 아버지에게 너무나도 힘든 일이었어. 한번은 신문을 돌리다 개에게 물려 병원에 실려 간 적이 있었단다. 어찌나 서럽던지. 하지만 아버지는 현실을 한탄하지도 않았고, 처지를 부끄러워하지도 않았단다. 쓰러진 할아버지를 대신해 집안을 지키겠다는 신념이 있었거든.

넓은 바다를 직접 가서 봐야만 믿니? 아니지. 집 앞에 졸졸 흐르는·시냇물을 보면서 저 물들이 흘러 큰 강이 되고, 바다가 된다는 것을 알 수 있지. 사람에게 꿈이나 신념은 저 물들과 같단다. 한 사람이 자라서 성공할 것인지를 어떻게 알 수 있을까? 그 방법은 의외로 간단해. 비록 지금 나는 작은 시냇물이지만 언젠가는 내 꿈인 바다가 될 수 있다는 신념을 가지고 오늘의 작은 준비를 게을리 하지 않는 사람. 그런 사람이라면 어떤 어려움이 닥쳐도 꿈을 이루고 성공할 수 있단다.

'정직', '신념' 이 두 가지는 너희가 평생을 잊어서는 안 되는 단어야. 베르나르 베르베르가 쓴 《뇌》를 보면 이런 말이 나온단다.

된다. 된다는 믿음과

자신감을 갖고 덤벼야 합니다.

그래도 일이 될까 말까 한데,

스스로 '난 안 돼. 난 안 돼.' 하면

해보나마나입니다.

> 그래서 끊임없는
>
> 긍정적 자기 암시가 필요합니다.
>
> 더 좋은 것은 칭찬입니다.
>
> 컴퓨터와 달리 사람은
>
> 타인의 칭찬과 자기암시를 먹고 자랍니다.

공부도 마찬가지겠지? '나는 안 돼. 할 수 없어. 이 과목은 재미없어. 이건 내 적성에 안 맞나 봐.' 이런 식이라면 과연 제대로 공부를 할 수 있을까? 당연히 아니겠지.

하지만 할 수 있다는 신념을 가지고 부딪친다면 아직 몰랐던 것을 하나라도 더 알 수 있어. 망설이지 말고 신념으로 자신을 갈고 닦으면 언젠가 반드시 꿈을 이룰 수 있단다.

막노동꾼 출신인 장승수 군의 이야기를 알지? 그가 쓴 《공부가 가장 쉬웠어요》라는 책을 보면 그는 아이큐 105인 아주 평범한 사람이었단다. 그런 그가 어떻게 서울대학교에 수석으로 합격했을까?

장승수 군은 고등학생 때 조용한 학생이었단다. 물론 공부에

182

는 전혀 관심이 없어 반에서 거의 꼴찌를 도맡아 했지. 장승수 군은 고등학교를 졸업하고 먹고 살기 위해 물수건 장사부터 막노동까지 안 해 본 일이 없었어. 그러다가 문득 생각했지.

'지금은 내가 나이가 어려서 막노동하면서 먹고 살 수 있지만, 과연 내가 언제까지 몸으로 돈을 벌어 살 수 있을까? 결혼은 어떻게 하나?'

자신의 인생에 대한 의문이 든 장승수 군은 다시 공부를 하기로 결심했지. 하지만 집안이 너무 가난해서 학원 다닐 돈이 없었어. 그래서 포기했을까? 아니야. 장승수 군은 막노동을 해서 번 돈을 모아 학원 수업을 듣고 공부에 전념했어. 가끔 돈이 부족하여 학원을 못 다니기도 했지만, 그럴 때면 다시 몇 달을 열심히 일한 뒤 학원 수업을 들었단다.

학원에서 제대로 수업을 듣지 못할 때에는 막노동 일을 하면서 자투리 시간을 이용해 책을 보곤 했지. 그렇게 열심히 해서 이룬 성과가 서울대 수석 합격이었단다.

서울대학교에 들어간 장승수 군은 자신이 뭔가 실수로 수석 합격이 된 것이 아닌가했대. 다른 학생들의 실력이 너무나도 좋았거든. 세미나에 참석하면 통역도 필요 없이 외국인들과 자연스럽게 대화하며 질문을 주고받는 학생이 수두룩했어. 장승수 군은 그 모습에 충격을 받아 다시 마음을 굳게 먹었단다.

'나는 다시 출발점에 서있다.'

그리고 이를 악물고 공부해 사법고시에 합격했지.

이런 이야기들을 들으면 어떤 생각이 드니? 자신을 몰아붙이다시피 하며 노력하는 사람들이 무식하게 보이니? 그렇지 않을 거야. 오히려 어쩌면 저렇게 열심히 할 수 있을까 싶지 않니?

그것은 자신이 원하는 꿈이 있고 그 꿈을 이루기 위한 신념이 있기 때문이야. 자신이 하려는 일에 몰입하고 최선을 다해 노력하면 세상에 이루지 못할 일은 없단다. 학생인 너희에게 있어 공부는 꿈을 이루기 위한 첫걸음이라는 것을 잊지 마렴.

21

사람을 이끌어야 역사를 이끈다

궁안 마을 그리고 사람을 이끄는 힘

명박이 패기와 열정을 가지고 정치계에 입문한 이후 처음으로 선거전을 벌였던 1996년 4.11 총선 때의 일이란다. 당시 정치 1번지라 불리는 종로구에서 궁안 마을에 가게 되었어. 궁안 마을은 일찍이 여당 후보들에게는 악명 높던 지역이었어. 하지만 명박이 종로구를 대표하여 출마한 만큼 특정 지역감정을 가지고 있는 사람들에게도 자신의 뜻을 전달해야 하는 것은 당연한 일이지.

명박은 궁안 마을 사람들을 직접 만나 어떤 정치를 원하는지

들어야 한다고 판단했어. 명박은 핸드마이크를 들고 직접 궁안 마을로 들어가 외쳤어.

"저는 오늘 국회의원 후보로 이곳을 찾은 것이 아닙니다. 여러분이 저를 지지하지 않는 것을 이미 알고 있습니다. 저는 오늘 여러분에게 표를 구걸하러 온 것이 아니라 어떻게 하면 이 지긋지긋한 가난에서 벗어날 수 있는지를 알려 주려고 왔습니다."

그렇게 명박은 궁안 마을 사람들과 대화를 하기 시작했단다. 현대그룹의 회장도 아니요, 국회의원 후보도 아닌 인간 이명박으로 궁안 마을 사람들과 대화한 거야. 명박은 대화로 궁안 마을 사람들의 편견을 걷어 냈지. 그리고 인간 이명박에 대해 솔직하게 알렸단다.

그 뒤 궁안 마을에 땅을 가진 땅 주인과 궁안 마을 사람들 간에 싸움이 벌어진 일이 있었어. 그런데 세입자 대표가 다른 사람도 아닌 명박을 찾아와 도움을 청했지. 정치가에 대해 적의적인 궁안 마을 사람이 스스로 정치가를 찾아와 부탁하다니, 그때까지 상상도 할 수 없는 일이었어.

드디어 선거일이 되었고 모든 사람들이 놀랄 수밖에 없는 결과가 나왔어. 종로구에서 명박이 대승을 거둔 거야. 사실 이때 40.5%의 지지율로 압승이 유력했던 상대 후보가 있었단다. 명박은 모두의 예상을 깨고 큰 표 차이로 당선되었지.

종로구에서의 승리는 명박에게 단순한 승리가 아니었어. 지역감정에 연연하지 않고 자신이 원하는 정치를 위해 한발을 내딛을 수 있는 자신감과 힘을 준 승리였어.

명박은 종로구 선거에 당선된 뒤 다시 궁안 마을을 찾았지. 궁안 마을 사람들은 명박의 손을 잡고 누구보다도 명박의 당선을 기뻐했단다. 이전에 명박은 궁안 마을 사람들에게 어떤 선거 공약 하나 내세우지 않았어. 눈앞에 보이는 이득이 아니라 그저 이명박이라는 사람에 대한 신뢰를 보여 주었을 뿐이었지. 그리고 궁안 마을 사람들은 무언(無言)의 신뢰로 답했단다.

'당신이 우리를 대변해 줄 우리의 지도자입니다.'

명박은 아직도 궁안 마을 사람들이 보내 준 신뢰를 소중히 마음에 품고 산다고 해.

참된 지도자는 항상 역사를 생각하며 살아야 한단다. 그런 의미에서 생각한다면 자신의 역사를 책임진 사람만이 모든 이들의 역사를 책임질 수 있는 자격이 있지. 옛 성현들이 말한 '수신제가치국평천하(修身齊家治國平天下)'도 같은 의미란다. 무엇보다 자신과 가정을 잘 이끈 사람이 국가 역시 잘 이끌 수 있다는 말이니까.

국가의 관점에서 CEO, 그리고 리더십이란 국민과 국익에 대한 철저한 봉사라고 생각한단다. 어떤 정책이 국가의 아젠다로 설정되면 그 내용이 국익(國益)에 부합되는가에 대한 여론 수렴과 함께 치밀한 검증 작업을 거치지. 검증을 마치고 결론이 도출되면 좌고우면(左顧右眄)하지 않고 정책의 성공을 위해 혼신의 노력을 다 기울여 최대한의 효용 가치를 창출해 낸단다. 이는 무한 경쟁의 세계화 시대에서 국부(國富)를 증대시킬 수 있는 가장 효과적인 리더십이지.

명박은 20대에 종업원 98명의 중소기업에 불과하던 현대건설에 입사해 35세 최연소 사장과 40대에 회장을 지내면서 현대를 종업원 16만 명의 세계적 대그룹으로 성장시킨 사람이란다. 즉 명박은 대한민국의 경제 중흥의 산증인이나 다름없지.

이후 명박은 국회의원을 거쳐 서울 시장으로 재임하면서 모두가 불가능하다는 청계천 복원, 버스교통체제 개편 등 숱한 서울시 발전 사업을 통해 한국의 수도 서울을 세계 속의 서울로 도약시켰단다. 아버지는 명박이야말로 역사를 알고 이끌 줄 아는 사람이라는 생각이 드는구나.

22

가장 낮은 곳으로 돌아가라

새벽 주차 도우미

명박은 독실한 기독교 신자인 어머니의 영향으로 일찍이 기독교인이 됐으며 현재 교회 장로란다. 현대그룹 회장 재직 당시엔 너무 바빠서 교회에서 봉사하기가 힘들었지. 그나마 국회의원이 되고 나서야 주말에 비교적 여유가 생겨 교회에서 봉사를 할 수 있게 되었어.

새벽에 일찍 일어나는 명박은 이른 아침에 교회로 오는 교인들의 주차를 도와야겠다고 생각하고 목사님에게 의사를 전달했어.

목사님은 분명 국회의원인 명박이 그 일을 한다는 것을 반대하셨을 거야. 아마 명박이 그 일을 하루 이틀 정도 하다가 그만두면 교인들이 보기에도 좋지 않고 명박에게도 좋지 않은 인상을 남기게 될까 봐 극구 말린 듯해. 그러나 명박은 거듭 부탁했고 목사님은 마지못해 승낙하셨지. 그리하여 명박은 교회 주차요원으로 봉사하게 되었단다.

명박을 보면 우리의 국민적인 의식 변화도 그렇게 어려운 일만은 아니라고 생각되는구나. 누구나 자신이 먼저 봉사하면 자연히 다른 사람도 따라서 봉사를 하게 된다는 것을 체험을 통해알게 되기 때문이야.

만약 우리나라의 지도층 인사들이 명박처럼 아무런 사심 없이 나라를 위해, 국민을 위해 봉사한다면 우리 사회가 크게 달라질 것이라고 아버지는 믿는단다.

위기 때도 초심을 잃지 말라

명박은 30년 가까운 세월 동안 기업에서 일하며 앞만 보고 달렸단다. 이후 정치에 입문하여 정치 1번지 종로구에서 국회의원으로 당선되었지. 사람들은 명박에게 앞으로 순탄한 길만 남아 있다고 입을 모아 말했어.

하지만 명박은 새로운 경험을 원했어. 전 세계가 21세기를 준비하기 위한 카운트다운에 들어갔을 무렵의 일이야. 명박은 워싱턴 D.C.의 조지워싱턴 대학에서 객원 연구원으로 와 달라는 초청을 받고 1년간 '기업 경영과 국가 경영'을 연구하기 위해 출국을 결심하게 되었단다. 기존 정치에 식상해 있던 대부분의 사람들은 명박이 의원직을 사퇴하고 미국으로 간다는 사실을 안타깝게 생각했지. 그러나 명박은 21세기를 눈앞에 둔 시점에서 기성 정치인들과 다른 비전을 제시하고 싶어 했단다. 기존 정치의 높은 벽에 부딪혀 잠시 좌절하기도 했지만, 전문 경영인의 경험을 살려 21세기 우리 정치에 새 희망을 불어넣는 것이 명박의 목표이자 지향하는 바였거든.

그 무렵 조선일보에서 건국 50년을 기념하는 사업의 일환으로 실시한 여론조사에서 명박은 '대한민국 50년의 50대 인물'에서 경제 분야 10인 중 한 명으로 선정되었고 자신이 쓴 《신화는 없다》가 '건국 50주년 출판물 50권'에 선정되었다는 보도를 접하

게 되었단다. 어려운 결심을 한
명박에게 큰 위로와 용기가 되는
일이었지.

　명박은 주변 사람들의 염려를
뒤로하고 미국으로 떠나기 위해
공항으로 향했어. 공항에 도착
하니 출국 날짜를 어떻게 알았는지
많은 사람들이 배웅을 나와 있었지. 명박은 고마운 마음에 그들
의 손을 말없이 하나하나 잡았어. 그러자 사람들이 갑자기 큰 소
리로 외치지 뭐니?

　"건강하십시오! 잘 다녀오십시오!"

　모두 하나같이 눈시울을 붉히며 명박을 응원해 주었지. 명박
은 벅차오르는 가슴을 안고 출국 게이트를 향해 걸어 나갔어. 현
재에 안주하지 않고 훗날 더 큰 변혁을 이루기 위해서, 위기 뒤에
찾아오는 기회를 놓치지 않기 위해서, 수많은 사람들이 보내는
신뢰에 보답하기 위해, 새로이 도전하기 위해서 명박은 미국으
로 떠나는 비행기에 몸을 실었단다.

환경 파수꾼이 되다

명박이 미국 생활을 마치고 한국으로 돌아온 지 얼마 되지 않았을 때야. 명박은 '아태환경 NGO 한국 본부'를 찾아갔단다. '아태환경 NGO 한국 본부'는 자연과 인간이 공존할 수 있는 환경을 보전한다는 뜻을 가지고 설립된 단체인데, 명박은 이 단체가 국내외 민간 환경 단체와의 협력 체제를 구축하고 국제간 환경 정보 교환, 환경 정책의 자문 및 수립, 환경 관련 공익사업도 벌인다는 데 호감이 가졌거든. 명박은 환경 운동이 과시적인 활동이 아니고 알차고 사회에 실질적인 도움이 되는 환경 운동이 되어야 한다고 생각했어. 그래서 수차례 '아태환경 NGO 한국 본부'를 찾아가 당면한 환경문제가 무엇이며 앞으로 환경 운동이 어떤 방향으로 나아가야 할지에 대해 이야기를 나누었지. 그러면서 그동안 생각만 하던 환경문제를 일선에 나서서 풀어 나가야겠다는 각오가 생겼고 직접 '아태환경 NGO 한국본부'의 제 2기 총재직을 맡기로 했단다. 명박은 총재직을 맡으면서 '아태환경 NGO 한국 본부'를 명실상부 국내 최고의 환경 운동 단체로 발전시키고, 국내는 물론 국제적으로도 선도적 역할을 하는 조직으로 이끌어 가겠다고 다짐했단다.

명박은 가장 시급하게 해결해야 할 문제로 물 문제를 꼽았지. 물은 우리 생명의 원천이며, 우리는 물이 없으면 한시도 살아갈 수 없어. 하지만 급속한 산업화를 거치는 동안 우리나라의 물은 급격히 오염되었어. 게다가 맑은 물을 제대로 관리하지 못해 급기야 심각한 식수난이 올 수도 있다는 예측들이 나오기도 했지.

명박은 서둘러 물을 보전하고 개발하는 사업에 중점을 두었지. 주요 식수원인 5대 강 수역의 오염도를 조사해 대책을 수립하고 이를 위해 여러 가지 방안을 강구하는 일을 시작했어. 또한 물의 중요성을 인식하고 물을 보호하고 아끼는 일에 학술적인 이론을 제공하고 행동으로 실천할 수 있도록 심혈을 기울였지. 이와 같은 일은 명박이 사업을 추진한 이후 지금까지 계속되고 있단다.

산에 오르려면 산을 보아야 하고 강을 건너려면 강을 보아야 해. 산을 보지 않고서 산에 오를 수 없으며 강을 보지 않고서 강을 건널 수 없단다.

하지만 경사가 가파르면 정상이 높고 강이 넓으면 물이 깊다는 것도 알아야 한단다. 꿈이 큰 사람은 큰 꿈을 이루기 위해 치러야 하는 대가도 크다는 것을 알고 많은 준비를 해야 하지. 아무나 가파른 경사를 올라 산 정상에 설 수 없으며 깊은 물을 헤치고 강을 건널 수 없지 않겠니? 준비할 때 강한 신념과 굳은 의지가 필요하다는 것도 잊지 마라. 가파른 경사가 싫어 산을 오르려 하지 않고, 깊은 물이 두려워 강을 건너려 하지 않는 것은 비겁한 짓이란다. 비겁한 사람은 산이 높다고 한탄하고 물이 깊다고 투정을 부릴 뿐이지. 원하는 목표에 도달하기까지 많은 위험과 고난이 있는 것은 당연하잖니? 아무 준비를 하지 않고도 모든 것을 이룰 수 있다면 과연 무슨 가치가 있을까 싶구나.

목표를 달성하기 위한 준비를 위해 실천 가능한 목표를 하나 세우는 건 어떨까? 예를 들어 영어에 능통한 사람이 되고 싶다고 하자. 노래를 좋아하는 사람이라면 팝송을 따라 부르며 영어 공부를 시작할 수 있겠지. 영화를 좋아하는 사람이라면 외국 영화의 대사들을 이용해 공부할 수 있을 테고. 치과 의사가 되고 싶은 사람이라면 틈나는 시간을 이용해 병원을 찾아가 자원 봉사라도 하며 경험을 쌓을 수 있는 것 아닐까?

자신이 원하는 목표를 세우고 그것을 이루기 위한 계획을 세워야지. 그 뒤에는 당연히 자신 스스로가 생각해도 '이 정도라면!' 하는 확신이 설 때까지 밀어 붙여야 한단다. 처음에는 작은 목표부터 하나씩 성취해 나가며 '나는 할 수 있다'라는 자신감을 갖고, 차차 큰 일에도 두려움 없이 도전할 수 있기를 바란단다. 성취감이란 우리를 더욱 달릴 수 있게 해 주는 힘이 되는 것이니까.

23

뉴프런티어 정신을 배우자

도전을 멈추면 쓰러진다

'일도 해 본 사람이 잘한다'는 말이 있단다. 삽을 잡아 본 적도 없는 사람은 아무리 힘이 세도 삽질을 제대로 하지 못해. 국가의 장래가 걸린 일이라면 어떨까? 대형 사업 앞에서 많은 관료들은 고개를 가로젓지. 큰일을 경험해 본 적이 없기 때문이야. 하지만 누구나 처음부터 큰일을 경험하는 것은 아니란다. 그렇다면 어떻게 해야 하는 것일까? 경험이 없다면 정확한 판단력이나 굳은 의지가 있어야겠지. 아직 판단력이나 의지가 부족하다면 생각이라도 크게 해야 해. 큰 생각은 곧 비전이기 때문이란다.

그러나 대다수의 한국 관료들은 경험과 판단력, 의지와 큰 생각 중 어느 하나도 완벽히 갖추지 못한 것 같구나.

명박은 처음 국회에서 경부 운하 사업을 제시했을 때, 일부 정치인과 관료들의 반응을 보며 난감해 했단다. 그들은 우리나라를 작은 나라로만 가두어 두려 했거든. 아직 세계 속에서 경쟁을 해 본 경험이 없었고, 새로운 일에 도전하는 것에 대한 의지가 부족했기 때문이야.

사실 경부 운하와 시베리아 천연가스 도입 사업은 실현 가능한 사업이란다. 이 두 사업은 한국의 21세기를 여는 '한국의 뉴딜 정책'이 될 수도 있을 만한 일이지.

명박은 말한단다.

"현대건설이 1965년 1인당 국민소득이 1백 달러도 되기 전에 태국의 파타니 나라티왓 고속도로 건설 공사에 참여한 결단과 용기는 한국 기업의 첫 해외 진출로서 시발점이 되었다. 당시 한국은 세계적인 위치로 보나 기술, 인력, 경영 능력 등의 수준으로 볼 때 해외에 나가서 그 큰 사업을 수주, 시공한다는 자체가 일종의 모험이었다. 하지만 결단과 용기를 가지고 추진한 결과 현대는 해외로 뻗어 나갈 수 있는 자신이 생겼고, 우리나라도 해외 시장의 문을 자신 있게 두드릴 수 있는 변화를 가져왔다."

명박은 바로 뉴프런티어 정신을 이야기한 거야. 뉴프런티어 정신이야말로 21세기 국경 없는 시대에 우리가 신산업에 도전하는 원동력이 될 것이란다.

1%의 가능성을 찾아서

명박이 서울 시장 재임 시 추진했던 청계천 복원 사업은 긴 모색기를 거쳤단다. 대한민국 개발의 상징인 청계고가는 1990년대 들어 안정성을 의심받고 있었지. 미군은 내부 문건을 통해 미군과 군속 차량이 청계고가를 통행하지 못하게 할 정도였어. 하지만 어느 누구도 선뜻 나서지 못했지. 바로 그때, 명박이 나섰어.

사실 명박은 서울 한가운데에 가스로 가득 찬 공간이 있다는 것을 1980년대 건설 회사 CEO로 있을 때부터 알았어. 당시는 언론이 통제되던 시절이라 일반인들은 내막을 제대로 알지 못했지. 명박은 청계고가를 지나는 하루 평균 17만 대 차량의 안전과 청계고가 주변에서 장사를 하는 사람들 그리고 서울 시민의 건강이 가장 먼저 염려되었어. 또한 청계고가 부근 역시 하루가 다르게 낙후되는 것이 안타까웠지. 명박은 어떻게 하면 청계천을, 서울을 변화시킬 수 있을까 오랫동안 고민했단다.

그러던 중 명박은 보스턴의 빅딕 프로젝트에 대해 알게 되었어. 당시 미국을 움직이는 인사들의 관심은 환경이었어. 그들은 21세기가 환경의 세기, 인간 중심의 사회가 될 것이라고 선언했지. 명박이 현장에 직접 가서 보니 과연 그들이 말한 대로였어. 명박은 그때부터 확신을 가지고 구체적으로 청계고가를 허물 계획을 세우기 시작했단다. 교통, 물, 도시, 건축 구조물 전문가를 찾아 자문을 구했지.

그때만 해도 국내 모든 전문가들은 청계천 복원 사업이 불가능하다며 반대했단다. 청계천을 변화시켜야 한다는 것은 1980년대부터 학자들을 중심으로 논의되어 왔지만 어디까지나 환경과 도심 문제를 풀 대안으로 검토만 되었을 뿐 정책으로 채택되지 못했지. 대부분 불가능하다고 생각했기 때문이야. 물론 흉물을 허물고 자연을 복원하면 좋겠지만, 교통이 마비될 뿐만 아니라 주변 상인들이 반대를 할 것이고, 철거 과정에서 나오는 소음과 먼지를 해결할 수 없다는 것이 이유였지. 이렇듯 청계천 복원은 여러 가지 문제가 얽혀 있는 대규모 사업으로 중앙 정부가 나서야 하는 사업이었어. 당시 명박으로서는 청계천 복원의 문제를 해결할 수 없었지. 그래서 명박은 청계천 복원 사업을 추진할 수 있는 '자리'가 필요하게 되었어. 명박은 결심했지.

'서울 시장이 되자. 그래서 역사의 새로운 희망과 환경의 물줄기를 만들자.'

명박은 청계천 복원뿐 아니라 서울의 교통 개혁, 강남과 강북의 균형 있는 발전 등 꼭 추진하고 싶은 일을 위해서 시장이란 자리에 도전한 것이란다.

반대하는 사람들의 마음을 움직여라

명박은 미국에서 돌아온 뒤부터 청계천 복원 사업을 현실화하기 위해 전문가들의 도움을 받아 청사진을 만들기 시작했지. 그리고 마침내 2002년 서울 시장 선거에 출마했단다. 선거를 거치는 동안 청계천 복원 사업은 더욱 완성도 있게 보완되었어. 대부분 사람들은 교통, 상인, 쓰레기가 문제가 되어 제3의 대란이 일어날 것이라고 했지만, 명박은 해결 방안을 제시하면서 차츰 시민들의 지지를 얻었지. 명박은 반환경적이고 낙후된 공간을 바꾸는 것은 개발 시대의 그늘을 살아가는 사람들의 삶을 질적으로 변화시킬 뿐만 아니라 도심의 변화, 도심 산업 구조의 변화를 가져올 거대한 사업이라고 생각했어. 하지만 여전히 많은 사람들이 반대했지. 청계천 복원 사업을 성공시키기 위해서는 너무 방대하고 복잡한 준비들이 필요하다는 이유였어. 결국 명박은 서울 시장에 당선된 이후에도 청계천 복원 사업을 추진하기 위해 많은 난관을 헤쳐 나가야 했단다. 먼저 사업을 반대하는 전문가들과 시민들을 설득해야 했지. 하지만 그걸로 끝이 아니었단다.

명박이 2002년 7월 1일 제2기 민선 서울 시장에 취임했을 때 정작 청계천 복원 사업을 추진해야 할 공무원들 사이에서도 아무도 이 사업을 시행할 거라고 생각하지 않았어. 그들은 청계천 복원을 단지 실행하지 못한 정치 공약으로 여겼지. 명박은 할 수 없이 반대하는 사람들을 다시 설득하기 시작했단다. 청계천 복원 사업이 어떤 의미를 가지고 있는지 설명하며 시민들이 원하는 사업이라는 것을 알렸어. 명박은 무엇보다 서울 도심의 환경과 열악한 공간에서 작업을 하는 청계천 주변의 22만 상인들을 위해서도 꼭 필요한 사업이라고 강조했단다. 공무원들을 설득한 뒤에는 20만이 넘는 청계천 상인들을 설득하는 일이 남아 있었지. 청계천 상인들은 대부분 청계천에 있는 가게가 전 재산이고 미래였어. 또 하루 평균 17만대가 지나다니는 청계천 고가를 허물면 교통 대란이 올 거라고 걱정하는 택시 기사와 교통 관계자, 경찰들을 설득해야 했지.

빠르게, 그러나 정확하게

명박은 서울 시장으로 취임하고 1년 동안 청계천 복원 착공을 위한 모든 준비를 마쳐야 했어. 그때부터 명박은 특유의 불도저 정신을 되살렸단다. 청계천 복원 사업에 참여하는 공무원들은 일주일 단위로 일정 관리에 들어갔어. 시민을 설득하고, 청계고가 철거 준비를 하고, 하천을 설계하고, 공사 방법상 일어날수 있는 문제 등 모든 일에 대해 대책을 만들었지. 명박은 마치 초침으로 움직이는 듯 하루하루 치밀하고 정확하게 시간을 사용했어. 역시 일을 해 본 사람이 일을 한다는 말 그대로였어.

공사 일정은 완공 날짜에 맞춰 착공 날짜를 계산했단다. 그것
은 명박이 아니면 누구도 할 수 없는 계산이었어. 공사를 할 때는
절대적으로 필요한 기간이 있거든. 그 기간을 충분히 확보하기
위해서는 공사 외적인 부분에서 치밀하게 일정을 조정해야지.

드디어 우여곡절 끝에 청계천 복원 공사의 청사진이 만들어
졌단다. 하지만 아직 문제들이 남아 있었지. 바로 사람들을 설득
하는 문제였어. 시민들의 협조는 지속적인 설득으로 상당 부분
이루었지만, 상인들과 경찰의 협조는 착공이 한 달 앞으로 다가
왔을 때까지 진전이 없었거든.

상황이 이렇게 되자 서울시 공무원 내부에서 청계천 복원 사
업이 좌절되는 것이 아니냐는 우려가 나왔단다. 교통을 통제해
줘야 하는 경찰과 청계천에서 살아가는 상인들의 협조 없이는
공사 자체가 불가능했지. 경찰과 상인들의 협조는 묘한 관계에
있었어. 경찰의 협조가 이루어지면 상인들의 협조를 얻어 내는
것이 더 쉬워지고, 상인들이 협조를 이끌어 내면 경찰의 협조를
얻는 것이 더욱 쉬워지지. 서울 시장의 힘만으로는 상인들의 협

조를 이끌어 내기가 힘들었어. 그래서 명박은 먼저 경찰의 협조를 이끌어 내기로 했단다.

그렇다면 경찰을 움직일 수 있는 사람은 과연 누구일까? 대한민국에 유일하게 경찰을 움직일 수 있는 사람, 바로 대통령이야. 물론 대통령과의 면담이 쉽지는 않았지. 명박은 대신 국무회의에 참석해 국무위원들을 설득할 기회를 가졌단다. 명박에게 처음이자 마지막 기회였어. 국무회의에서 장관들은 대부분 청계천 복원이 불가능하다는 생각으로 질문을 했어. 하지만 명박은 청계천 복원이 꼭 필요한 사업이며 반드시 해야 하는 사업이라고 강조하고 또 강조했지.

묵묵히 국무회의를 지켜보던 대통령은 명박에게 협조를 약속했단다. 대통령의 약속은 곧 경찰의 협조를 의미했어. 경찰의 협조가 확정되자 상인들도 조건부로 협조를 약속했지. 착공을 겨우 일주일 남겨 놓고 명박은 모든 이의 협조를 얻어 냈단다. 이로써 청계천 복원 사업은 불가능한 사업에서 꿈의 사업으로 바뀌었지.

흔들리지 않는 약속

모든 것이 이루어졌다고 생각한 순간, 또다시 위기가 찾아왔단다. 착공식 하루 전에 지하철 노조가 파업했어. 교통 대란이 우려되는 상황에서 행정자치부는 서울시에 착공식을 연기해 달라고 요청했지. 하지만 명박은 연기 요청을 거절했어. 2003년 7월 1일 착공식은 시민들과의 약속이었거든. 명박은 시민들과 한 약속을 지키기 위해 착공을 강행했지. 다행히 준비를 철저히 한 덕분에 여러 사람들이 우려했던 것과 달리 어떤 대란도 일어나지 않았단다.

교통 혼잡, 상인들의 반발, 쓰레기 문제 중 어느 하나도 일어나지 않았지. 청계천 복원 공사는 시민들의 절대적인 지지 속에 순조롭게 진행되었어. 명박은 남은 2년 동안 무사히 공사를 끝내 시민들과 한 약속을 지키는 일만이 남았다고 생각했어.

그러나 뜻하지 않은 사태가 일어났단다. 공사 도중 땅속에 묻혀 있던 문화재가 발굴된 거야. 문화재 문제는 어느 정도 진통이 있으리라 예상했지만 사태는 명박이 생각했던 이상으로 크게 일어났어.

문제는 심각했지. 공사를 중단하면 서울 시내가 물바다가 될 수 있는 상황이었거든. 사실 청계천이 복원되어야 하는 이유 중 하나는 청계천의 치수 능력 때문이란다.

착공 전 2년 동안 청계천 일대의 지하상가와 빌딩이 홍수로 물에 잠긴 적이 있었어. 따라서 청계천은 도심의 안전을 위해 200년 빈도의 홍수도 처리할 수 있는 용량을 갖춰 설계되었단다. 현재 복원된 청계천 지하에는 복원 전 규모의 3배 이상 되는 하수도관, 빗물관이 매설되어 있지. 그런데 공사가 지연되어 청계천 바닥과 옹벽이 뜯겨진 상태에서 홍수가 일어난다면 공사 현장이 휩쓸려 가는 것은 물론 서울시가 위험해질 것이 뻔하지 않겠니?

결국 문화재 문제는 극단적인 대립으로 치달았지만 지속적인 설득과 논의로 합의점을 찾게 되었단다. 문화재 문제가 해결되자 청계천 복원 사업은 완공만을 향해 달려갔어. 지체된 시간은 현장에서 일하는 사람들의 노력으로 만회할 수밖에 없었지. 그래서 그들은 해외 현장에서 일하고 있다는 각오로 휴일도 반납하고 24시간을 교대로 일했다는구나.

24

역사는 미래로 흐른다

청계천은 미래로 흐른다

청계천 복원 사업은 완공을 일 년 이상 남기고 세계적인 주목을 받았단다. 구조적으로 우수해 영국 토목학회가 주는 상을 받았고, 베니스 건축비엔날레에서는 친환경적인 복원으로 최우수 시행자 상을 받았지. 가까운 일본과 동남아는 물론 환경 선진국이라는 유럽에서도 청계천을 벤치마킹(Bench Marking)하려는 움직임을 보였어. 전 세계가 도심형 하천 복원의 새로운 모습을 제시한 청계천을 인정하고 있다는 증거란다.

그러나 영광 뒤에는 시련이 도사리고 있는 법이지. 명박은 완공이 불과 한 달 앞으로 다가왔을 때 정치적인 공세에 시달리게 되었어. 청계천 복원 사업을 추진하는 과정에서 비리가 있다는 것이었어. 곧 명박은 검찰청 특수부의 내사를 받게 되었지. 하지만 결국 아무런 비리도 발견할 수 없었다고 해.

명박은 그 외에도 크고 작은 문제들과 맞서야 했어. 3년 이상 끌고 있는 청계천에 흘려보내는 물의 사용료와 지속적인 관리를 어느 부서에서 담당할 것인가를 두고 크고 작은 논란이 있었거든. 청계천은 이토록 많은 진통을 겪으며 복개된 지 반세기 만에 시민의 품으로 돌아왔지.

아버지는 청계천 복원은 명박이 기회를 붙잡을 준비가 되어 있던 사람이기에 사업 추진이 가능했다고 생각한단다. 준비가 되어 있는 사람은 기회가 왔을 때 놓치지 않고 잡을 힘이 있으며 준비된 일을 추진할 힘과 열정이 있지.

아버지가 만난 성공한 사업가들은 입 모아 이렇게 말해. 그것은 바로 믿고 일을 맡길 사람이 없다는 거야. 기회를 주고 싶은데도 기회를 가져갈 사람이 주변에 없다는 거지. 다시 말해 준비되어 있는 사람을 찾기가 힘들다는 뜻이란다. 실제로 실업률이 높아도 현장에서는 인력난에 허덕인다고 하지 않니.

부자가 될 수 있는 기회는 대부분 한 세대 앞에서 기득권을 획득한 사람들에게서 나온단다. 혼자 노력하여 성공하는 것이 불가능한 것은 아니지만 우리 사회는 사람들과 어울려 살아가는 곳이잖니? 그렇다면 나보다도 먼저 많은 것을 가진 사람이 있는 것은 당연하지.

빌 게이츠가 오늘날 성공을 거두게 된 것도 마이크로 소프트가 초창기 때 IBM의 어느 이사가 기회를 주었기 때문이야. 당시 IBM에서는 PC에서 사용할 소프트웨어(disk operating system)를 찾고 있었고 이미 다른 유명한 소프트웨어 회사와 접촉했단다. 그러나 거대한 기업인 IBM의 이사가 방문했는데도 소프트웨어 회사 사장이 건방지게도 코빼기도 내밀지 않은 거야. 이에 분노한 IBM의 이사는 이름도 없는 마이크로 소프트를 찾아갔고 정장을 입고 예의를 갖춰 기다리던 빌 게이츠를 만났어.

진정한 지도자는 콜럼버스 타입일 가능성이 많지. 콜럼버스가 그의 신대륙 발견을 폄하하는 사람들에게 달걀을 들어 설명했던 것처럼 명박에게는 무(無)에서 유(有)를 창조하는 리더십이 강한 듯하구나. 청계천 복원 사업은 누구나 떠올릴 수 있어. 하지만 누구나 할 수 있는 일은 아니지. 명박은 말했어.

"내가 서울 시장에 당선됐을 때 한 간부가 봉투를 2개 들고 왔다. 한 개는 청계고가 철거와 청계천 복원 공사가 안 된다고 반대한 공무원들의 명단이고, 또 한 개는 여당에 협조한 공무원들의 명단이었다. 난 그걸 지금까지도 뜯어보지 않았다."

명박은 박정희 전 대통령이 왜 국민들의 기억에서 부활했는지 묻는단다.

"박정희 전 대통령 이후 정권의 실패가 박정희 전 대통령을 국민들의 기억에서 부활시킨 것이다. 이후 정권이 경제적으로 성공했고, 청렴결백했다면 박정희 전 대통령은 국민들의 기억에서 결코 부활할 수 없었을 것이다."

명박은 지금 화제가 되고 있는 신행정 수도에 대해서도 말했지.

"신행정 수도 프로젝트로 국가 균형 발전을 이룰 수 있다면, 어느 누구도 반대하지 않는다. 행정 수도 문제는 누가 2007년에 충청권의 표를 더 얻어낼 것인가를 두고 '국가 균형 발전'이라는 듣기 좋은 단어로 포장한 정책에 불과하다."

명박은 지금도 자신 있게 말한단다.

"기업 경영 시스템을 도입하면, 지금 110조 원이 넘는 국가 예산을 20% 줄이고도 같은 효과를 낼 수 있다. 국민적 지지가 없는 신행정 수도 프로젝트는 무모하고 비현실적일 뿐 아니라, 막대한 국가 예산을 좀먹기 때문에 앞장서서 반대하는 것이다."

항상 새로운 비전을 제시하라

얼마 전 명박은 두바이에 다녀왔어. 다음 세대 한국은 두바이처럼 새로운 발상으로 나아가야 할 중대한 기로에 놓여 있다고 생각했기 때문이야. 그리고 명박은 두바이에서 새로운 비전을 발견했지. 바로 한반도 대운하란다.

명박은 막혀 있는 물길이 다시 트이게 되면 강변의 생활 경제권이 성장할 것이라고 말했어. 더불어 사람과 사람들의 이야기가 함께 흐르는 물길을 만드는 일이 될 거라고 새로운 비전을 제시했지.

"이 물길은 한반도 구석구석 희망을 전파하는 메신저가 될 것입니다. 불과 몇십 년 전만 해도 남한강 1천 리 물길을 따라 서울까지 뗏목을 실어 날랐던 '뗏군'들이 있었습니다. 뗏목을 실어 나르는 물길은 강변 사람들의 생활을 윤택하게 했고, 물길을 따라 생활 경제권을 만들었으며, '뗏돈'이라는 말까지 생기게 했습니다. 이 물길을 통해 내륙 지역에 경제권이 형성되었고, 사람들이 늘어나면서 내륙 산간으로 물류의 이동이 더욱 활발해졌습니다. 이는 물길 운송이 연계 운송 수단을 더욱 효율화하고 활발하게 한다는 뜻입니다. 지금 한반도는 물길이 단절되어 있습니다. 사람들의 삶과 함께 했던 물길이 끊어졌고 단지 물만 흘러가는 수도관이 되어 버렸습니다."

명박이 말하는 것처럼 한반도 대운하가 한반도를 하나의 물길로 이어 가는 희망의 물줄기가 될 것인지는 아직 모른단다. 좀 더 과학적인 검증과 환경 평가 등 전문적인 조사를 거쳐 봐야 알 수 있기 때문이야. 하지만 항상 남들보다 앞서 가며 새로운 비전을 제시하는 명박의 모습만큼은 누구보다 긍정적이고 진취적이구나. 아버지는 우리 모두가 명박의 긍정적이고 진취적인 리더십을 보고 배워야 한다고 생각한단다.

국민소득 3,4만 불 시대를 열어 갈 새로운 성장 인프라

명박은 배를 통한 운송이 대한민국을 국민소득 3,4만 불 시대로 만들 거라고 말했단다.

"경부고속도로, 포항제철, 반도체가 산업화를 이끈 기반이었다면 이제는 한반도 대운하가 대한민국의 선진화를 이끌 것입니다. 한반도 대운하는 현재 선진국의 1.5배 수준인 물류비를 8%(GDP대비 12%)대로 낮춰 국가경쟁력을 높이는 획기적 전기가 될 것이라고 확신하고 있습니다. 처음 경부고속도로를 만들려고 할 때 모두 '경부고속도로를 왜 만드느냐?'고 했습니다. 그러나 결과적으로 경부고속도로 건설은 많은 일자리를 만들고 희망을 만들어 냈습니다. 한발 앞서서 준비하고, 불굴의 의지로 어려움을 이겨 내고 꿈을 실현한 힘이 바로 자랑스러운 대한민국의 힘이었습니다.

한반도 대운하는 또다시 준비할 것입니다. 운하로 이어지는 물길은 우리의 삶도 함께 이어 갈 것입니다. 유럽은 각 나라를 이어 주는 운하를 통해 서로 다른 문화와 삶의 방식을 이해해 갔습니다. 유럽이 경제공동체로 발전한 배경에는 삶을 끈끈하게 이어 주는 물길이 있었습니다. 저는 분명히 믿습니다. 한반도 대운하는 지역, 정파, 남북으로 갈라진 분열의 상처를 씻고, 화합과 희망의 시대를 알리는 뱃고동을 울릴 것입니다."

명박의 말처럼 물은 흘러야 하는 것이란다. 우리가 더럽히고 훼손시킨 강을 당연히 다시 살려야 해. 지금 이 순간에도 우리가 오염시킨 흔적들은 사라지지 않고, 강바닥에 묵묵히 쌓여 가고 있단다. 오염된 토사가 강바닥에 쌓여 홍수의 원인이 되고 악취를 풍기는 주범이 되고 있지. 이제 아름다운 금수강산을 살려야 할 때가 온 것 같구나. 자연과 인간이 조화를 이루는 모습으로 한반도 대운하는 21세기의 새로운 물길을 살릴 것이라는 명박의 말이 사실이기를 기도한단다.

아버지가 생각하기에 운하는 철도나 도로보다 훨씬 친환경적일 것 같구나. 철도, 도로, 운하의 건설은 모두 새로운 길을 만드는 일이지. 하지만 철도나 도로처럼 자연적인 물길이 아닌 인공적인 길을 만드는 것이 자연을 훨씬 많이 훼손할 듯해.

예를 들면, 경부고속도로에는 터널이 6개, 교량이 310개 있어. 경부고속철의 경우에는 터널 총길이가 76.4km나 된단다. 이들은 모두 아름다운 산을 깎고 나무를 베어 만든 것이지. 하지만 한반도 대운하는 이와 달리 하나의 물길을 만드는 일이란다. 한반도 대운하를 만드는 과정에서 강에 쌓인 오염된 퇴적물을 제거하고, 건설한 뒤에는 유속 변화를 통한 수질 개선과 물동량 분산으로 대기오염을 줄일 수 있어. 특히 배는 CO_2 배출량이 화물차에 비해 1/5 이하, 기차보다도 낮단다. 많은 사람이 대운하 건설로 인한 하천의 체계적인 정비가 환경의 가치를 더욱 높인다고 주장하지. 물론 반대로 운하를 건설하면 자연의 생태계에 혼란이 올 수도 있다는 의견도 많단다. 그렇기 때문에 한반도 대운하 건설은 모든 가능성을 고려해 철저히 대비한 뒤에 추진되어야 할 사업이야.

하지만 명박의 말대로 새로운 물길이 생긴다면 지역 특화 사업이 함께 발전할 수 있겠지.

"대운하의 건설은 관광 산업, 레저 산업, 물류 터미널, 선박, 준설 등 많은 일거리를 만듭니다. 그리고 배후 물류 단지 및 산업 단지의 기반을 조성함으로써 경쟁력 있는 지역 특화 산업이 자리를 잡게 될 것입니다. 강제적이고 인위적인 산업의 유치가 아니라 시장경제에 의해 자생적으로 산업 단지가 조성될 것이며 이것이 실질적인 지방자치와 지방화를 이끌 것입니다. 특히 내륙 농업의 유통 구조 개선으로 농가 소득이 향상될 것입니다. 우리나라는 농산물 유통망이 매우 낙후되어 있습니다. 내륙 곳곳을 잇는 물길은 농산물 유통 구조를 바꾸어 새로운 시장이 열릴 것입니다. 운하의 건설로 농업은 다양화되고 활성화될 것이며, 개방화, 세계화에 대처하는 비책이 될 것입니다."

명박은 힘주어 한반도 대운하 건설의 비전을 제시했지.

"화개장터를 아십니까? 전라도와 경상도를 가로지르는 섬진강 나루터의 장터입니다. 전라도와 경상도의 생활 경제가 만나고 지역 특색의 문화가 만나서 정답게 소통하는 곳입니다. 사람들은 물길을 통해 물건을 교환하고 마음을 나눕니다. 또한 운하 건설은 많은 일자리를 창출해 냅니다. 경부운하 건설 하나만으로 24만 명에게 일자리를 줄 수 있다는 계산이 나왔습니다. 삼성그룹 2개를 만드는 셈입니다. 운하 건설은 서민들에게 직접적인 일자리를 만들어 주고, 기업에게 물류비 절감과 산업 기반 조성 등 간접적인 이득을 줍니다. 이로써 기업도 살고, 서민 경제도 함께 사는 길이 열릴 것입니다. 운하를 건설한 뒤에도 계속 일자리가 생기고, 기업이 늘어날 것입니다. 운하를 운영하는 관련 산업들이 하나 둘씩 생겨나면서 해마다 3조 원, 즉 중소기업 5,000개의 매출 효과와 3만 7천명의 일자리가 창출되는 효과가 예상됩니다. 관광 산업, 레저 산업, 지역 특화 산업 등 다양한 형태의 소프트웨어적 산업 집단이 만들어져 다양한 직종이 생기며, 지역경제가 자연히 활성화될 것입니다. 즉 물류 시스템의 핵심 인프라 '내항'이 만들어지는 것입니다."

사실 한반도는 도로와 바다를 통한 물류 시스템으로 바다와 멀리 떨어져 있는 많은 내륙 도시가 발전하기 힘들었어. 만약 한반도 대운하를 건설한다면 운하를 통과하는 주요 도시의 철로, 도로가 운하와 함께 묶여 종합 물류 터미널의 기능을 하는 내륙항구가 생겨나겠지. 그리고 그곳에 컨테이너 적재 시설이 들어서고 컨테이너 부두가 조성될 거야. 이처럼 운하가 만들어 낸 물류 경쟁력이 내륙 도시에 성장 엔진을 달아 주겠지.

아버지는 명박의 생각대로 될 수 있다면 좋겠다고 생각한단다. 명박의 프로젝트가 성공적으로 진행되어 한반도 대운하가 완공된다면 우리나라는 다시 한 번 새로운 도약의 기회를 맞으리라 믿기 때문이야.

비전은 나뿐만 아니라 남까지 가슴 뛰게 한다

성공하는 사람은 비전을 위해 산단다. 미국의 톰스 스텐은 《백만장자의 정신》이란 책에서 백만장자 1300명을 대상으로 연구, 조사한 백만장자의 공통점을 발표했어.

첫째, 백만장자가 된 사람들에게는 꿈이 있었어. 그들은 모두 내일을 어떻게 만들지에 대한 비전이 있었지.

둘째, 백만장자가 된 사람들은 기본에 충실한 삶을 살았단다. 그들은 어떤 특별한 비결이 있었던 것이 아니라 누구나 다 알고 있는 것을 바탕으로 성실하게 꿈을 이루었어.

우리는 타인에게는 물론 자기에게도 마이너스 이미지를 지닌 암시는 피해야 해. 성공하고 싶다면 마이너스 이미지 대신 플러스 이미지를 가져야 한단다. 마이너스 이미지가 심신과 삶을 병

들게 한다면 플러스 이미지는 삶을 건강하게 할 뿐 아니라 성공
으로 이끌기 때문이야.

　아버지가 재미있는 이야기를 하나 소개하마. 읽고 곰곰이 생
각해 보렴.

　어느 시골 농부가 우연히 새끼 독수리를 잡았어. 농부는 새끼 독수리를 닭장에 넣
었지. 새끼 독수리는 닭들과 함께 자랐고, 어느새 닭장의 생활 방식과 환경에 적
응하여 평범한 닭처럼 되었지. 하루는 동물 보호 운동을 하던 한 사람이 농장을 지나
다가 새끼 독수리를 보고 말했어.

　"아니, 저 녀석은 닭이 아니라 독수리군요."

　농부는 싱긋 웃으며 대답했지.

　"그렇기는 하지만 이제 독수리라고 할 수 없네요. 녀석은 완전히 닭이 되어 버
렸어요. 닭처럼 모이를 먹고 닭처럼 행동을 하거든요. 저 독수리는 나는 법도 잊었을
겁니다."

　동물 보호자는 농부의 말이 사실인지 시험해 보고 싶었어. 그러나 그가 아무리 애
써도 독수리는 날지 못했어. 동물 보호자는 마지막으로 독수리를 높은 산꼭대기로 데려
갔지. 독수리는 산꼭대기에서 자기와 똑같이 생긴 다른 독수리가 하늘을 나는 모습을

보았어. 그제야 독수리는 자기가 닭과 다르다는 사실을 깨달았고 하늘을 날 수 있다는 비전을 갖게 되었단다. 독수리는 거칠게 날개를 퍼덕이며 동물 보호자의 팔을 벗어나 날아올랐지. 그리고 마침내 하늘 저 편으로 날아가 버렸어.

혹시 너희는 스스로 닭이라고 생각하고 시작하기도 전에 체념하지는 않니? 날개를 펴보지도 않고 날 수 없다고 고개를 젓는 게 아닌지 걱정되는구나. 고개를 들고 가슴을 활짝 펴렴. 아버지는 너희가 스스로 닭이 아니라 독수리라는 것을 깨닫기를 바란단다.

25

꿈 너머 꿈을 꾸어라

이 글을 마무리하는 단계에 이르렀을 때, 참 반가운 소식을 들었단다. 바로 이명박 씨가 대한민국 대통령이 되었다는 소식이었어. 지난 2007년 12월 19일 제17대 대통령 선거에서 이명박 씨는 532만 표라는 사상 최대의 표차로 2위를 누르고 대통령에 당선되었단다.

이명박 씨의 친구인 정영식 장로님(대구효성병원 명예원장)께서는 아버지가 이 글을 쓰고 있다는 소식을 듣고 아버지를 초대하셨어. 아버지는 정 장로님을 잠시 만나 환담하며 이명박 씨에 대해 새로운 사실을 몇 가지 알게 되었어.

정 장로님은 먼저 빛바랜 사진을 두 장 꺼내며 지금까지 애지중지하고 있다고 말씀하셨지. 정 장로님은 1949년 초등학교 입학 때 이명박 씨를 처음 만나 지금까지 60년 우정을 키워 오고 있다고 이야기하셨어. 그때 아버지는 정 장로님 눈가에 잠시 이슬이 맺히는 것을 보았단다.

TV를 통해 이명박 후보의 당선 과정을 애타게 지켜보았다는 정 장로님은 '이렇게 될 줄 알고 있었다.'라고 하시며 '명박은 어릴 때부터 남다른 친구였다.'고 지난날을 회상하셨단다. 두 분은 초등학교와 중학교 동창인데다 같은 교회에서 신앙생활을 했던 사이라고 해. 자연히 정 장로님은 누구보다 이명박 씨를 가까이에서 지켜볼 수 있었지.

"중학교를 졸업할 때 있었던 일입니다. 친구는 고등학교 진학을 포기해야 할 형편이었지요. 찢어지게 가난한 집안을 돕기 위해서였습니다. 그러나 친구는 수석 입학을 했고 한 해 전액 학비를 면제 받았으며 결국 포항 동지상고 야간부 1등을 차지하더군요."

정 장로님은 '아직도 시장 바닥에서 장사를 하며 고생하시던 친구 어머님의 모습이 눈에 선하다.'라며 '그런 어려운 환경을 극복하고 수석 입학한 친구가 너무 자랑스러웠다.' 고 말씀하셨어.

1960년 고등학교 진학 이후 소식이 끊겼던 두 분은 12년 만에 다시 만났대. 한 사람은 산부인과 의사로, 다른 한 사람은 현대건설 상무로 만나게 되었지. 정 장로님은 그때를 기쁘게 회상하며 말씀하셨어.

"오랜만에 만난 친구는 한 단계씩 성장하고 있었습니다. 이후 현대 건설 신화와 서울 시장으로서 역량을 지켜보면서 역시 내 친구라고 생각했지요.

그를 12년 만에 다시 만났을 때 '현대건설 상무'가 찍힌 명함을 받았습니다. 서로 오랜만에 회포를 풀었지요. 그리고 얼마 뒤 서울에 갈 일이 있어 현대건설에 전화를 걸어 이명박 상무를 좀 바꾸어 달라고 부탁했습니다. 그런데 전무실로 전화를 바꾸어 주겠다고 하지 뭡니까? 그때는 그저 전무를 만나러 간 줄만 알았는데 알고 보니 그사이에 전무로 승진한 것입니다. 그리고 또 시간이 흐른 뒤 다시 현대건설에 전화를 걸어 이명박 전무를 바꾸어 달라고 했지요. 그랬더니 이번에는 부사장실에 있었습니다. 저는 하도 기가 막혀 친구에게 물었습니다. 하는 일마다 성공하는 비결이 뭐냐고요. 친구가 그러더군요. '난 한 번도 상무가 되겠다. 전무가 되겠다. 부사장이 되겠다. 이런 식으로 욕심을 부린 적이 없네. 언제나 지금 맡은 일에 최선을 다할 뿐이지. 그랬더니 사람들이 나를 따르고 회장님이 인정해 주시더군.' 정말 그 친구다운 말입니다."

다시 말해 이명박 씨는 현대건설의 사장이 될 때도 자리에 연연하지 않고 더 큰 꿈인 조국과 민족, 그리고 함께한 회사의 식구들을 생각하여 부단히 노력한 끝에 정주영 회장의 아들들을 제치고 현대건설의 사장이 된 것이라고 하더구나.

정말 이명박 씨가 야간 상고를 다닐 때 주야간을 통틀어 수석을 놓치지 않았느냐고 물었더니 정 장로님은 웃으며 말씀하셨어.

"들어갈 때 수석 합격을 한 것은 사실입니다. 그리고 졸업할 때까지 수석을 놓치지 않았던 것도 사실입니다. 졸업할 때 상을 받았는데 졸업식에 참석 못해 친구인 김창대가 대신 받았습니다."

정 장로님은 소년 명박이 포항 제일교회를 다닐 때의 이야기도 해 주셨단다. 당시 명박이 얼마나 당당했는지 친구들은 그가 가난한 줄 몰랐대. 당시 명박은 포항 제일교회에서 학생부 서기로 봉사했는데 항상 교회에서 맡은 일을 꼼꼼하게 해서 모두에게 신망이 두터웠다고 하더구나. 또한 사람들은 소년 명박이 목장에서 사는 것을 보고 아버지가 목장의 주인인 줄 알았대. 그래서 명박이 그렇게 가난한 줄 몰랐다고 해.

정 장로님은 소년 명박이 가난한 티를 내지 않은 것이 모두 어머니 덕분이라고 말씀하셨어. 명박의 어머니는 원래 기독교를 믿는 집안에서 자라나 반야월 교회를 다니시다가 신앙을 가지고 시집오셨단다. 따지고 보면 이명박 씨는 모태 신앙이라고 할 수 있어. 정 장로님이 기억하시기에 이상득 국회의원, 이진우 장로 등 여러 분이 포항 제일교회 출신이라고 하는구나.

이명박 씨와 정영식 장로님은 1982년에 서로 만나 회포를 풀다가 '야! 우리 이제 나이도 있고 하니 고향 친구들을 한 번 모아보자.'고 말했대. 그래서 대구에서 한 번, 포항 한 번, 서울에서 한 번, 이렇게 고향 친구들이 모이기 시작했는데 그때부터 지금까지 체육대회 형식으로 모인다고 해.

1982년 7월17일 첫 모임 때 친구들이 약 150명 모였지. 그 뒤에도 친구들은 지금까지 25년간 해마다 계속 모이고 있대. 친구들의 모임은 조금씩 발전해서 1984년 8월에는 모교인 포항 영흥초등학교를 방문해 당시 막 보급되기 시작해 아직 고가였던 컴퓨터 수십 대와 피아노를 기증해 어린 후배들에게 꿈을 전해주었지. 그날은 주일이었는데도 불구하고 학교의 고적대가 팡파르를 울리며 그들을 반겼다고 하더구나.

친구들은 그때 느낀 감격을 아직도 잊지 못해 학교에 무슨 일이 있을 때마다 직간접으로 함께 하고 있다는 이야기를 듣고 너희도 나중에 훌륭한 사람이 되면 꼭 모교와 은사를 찾아 은혜를 갚는 사람이 되기를 기도해 본단다.

닫는 글

네가 꿈을 꾸면 신화는 계속된다

지금까지 아버지가 너희에게 이야기했던 MB(이명박 대통령) 는 최초의 CEO 출신 서울 시장으로서 모두가 불가능하다고 했 던 대형 프로젝트를 성공으로 이끌면서 서울시를 세계 속의 도 시로 도약시켰고, 서울시 행정을 경영적 관점에서 혁신시켜 대민 (對民) 행정의 정착과 시(市)의 경쟁력을 배가시켰단다.

MB의 CEO 리더십은 글로벌 시대의 높은 무한 경쟁의 파고 (波高)를 넘어서, 세계 속의 당당한 일류 국가를 지향할 수 있는 선진 리더십이지. 결국 MB의 리더십이 시대가 요구하는 리더십 이라는 것을 이번 대선에서 검증을 받아 당선이라는 영광을 안 은 것이 아닌가 싶구나.

MB의 리더십은 청계천 복원 공사 과정에서 이를 반대하는 상인들을 공무원들과 함께 무려 4,200번을 만나 설득한 끝에 반대자가 아니라 우군으로 만들었다는 데서 극명하게 드러난다고 할 수 있어. 당시 청계천에는 상인 22만 명과 단체 600개가 있었는데 이들의 이해관계가 다 달랐지. 이들을 모두 설득하기 위해 MB 자신은 물론이고 고위 공무원들이 현장에 직접 가서 상인들의 분노와 질타를 온몸으로 감내해 냈단다. MB는 힘으로 강압하지 않고 원칙과 진정성으로 격렬히 저항하던 상인들을 설득시켰어. MB와 서울시 공무원들의 인내가 빛을 발하는 순간이었지. 전 세계가 찬사를 보내고 유수의 도시들이 벤치마킹하고자 하는 청계천은 이렇게 재탄생되었단다. 이는 서울시 최초의 CEO 시장인 MB의 통합과 조정의 리더십이 안겨 준 서울 찬가였어.

　MB는 서울과 지방을 가르지 않지. 대한민국의 수도이자 브랜드인 서울을 지역 균형 발전이라는 미명하에 위상을 격하시킬 것이 아니라 세계 속으로 더욱 뻗어 나갈 수 있도록 도와주어야 한다고 역설했어. 그리고 그것을 근거 없는 이야기가 아니라 실현된 사실로 만들었지. 이러한 MB의 지도 철학이 이제 대통령의 리더십으로 나타나기를 기도한단다.

어른들은 말하지.

"국가 지도자의 최고 덕목은 국가의 장래에 대한 명확한 비전 제시와 함께 국민에게 내일에 대한 희망을 안겨 주는 것이다. 이 비전과 희망은 구체적인 성과로 가시화되어야 한다. 이는 국정 책임자와 국민을 하나로 만들어 국가 위기 극복은 물론이고 국가 도약을 이룰 수 있는 지름길이다."

박정희 전 대통령은 '조국 근대화'와 '우리도 한번 잘 살아 보자.'는 비전과 희망을 제시하는 동시에 '경제개발 5개년 계획'이라는 목표를 설정하여 이를 실현시켰지. 박정희 전 대통령이 영구 독재를 기도하고 인권을 탄압하는 등 치명적인 과오(過誤)를 많이 저질렀지만 아직도 국민들에게 존경을 받는 것은 이런 이유 때문일 거야.

MB의 비전과 희망의 리더십은 서울 시장 선거 과정의 공약(公約)과 시장 취임 뒤 이를 실천해 나가는 모습 속에서 확인할 수 있었어. MB는 서울 시장 선거 기간 중 시민들에게 제시한 청계천 복원, 대중교통 체제 개편 등 비전의 내용 대부분을 다 지키고 시장 임기를 마무리했지. 또한 소외 계층을 위한 사회복지

정책에도 심혈을 기울여 성공을 거두었어. 이처럼 MB는 서울 시민들에게 꿈과 희망을 안기고 새로운 출발을 다짐하며 시(市)를 떠났지.

이제 MB는 국가 및 서민 경제의 파탄으로 신음하고 있는 대한민국을 위한 희망을 준비하고 있어. 대통령이라는 중책이 주어졌기 때문이지. MB는 각종 국가적 비전을 국민에게 제시하고 다함께 힘을 모으면 3,4만 불 시대의 선진국 진입이 가능하다고 역설한단다.

MB는 정말 국가의 운명을 책임질 '대한민국 호'의 선장이 되었어. 지금까지 MB가 보여 준 대로 말보다 실천이 앞서는 지도자가 되어 준다면 그것이 헛된 꿈이 아니라 가까운 현실이 되지 않을까 기대되는구나.

아버지는 글을 마치면서 너희도 MB처럼 원칙과 소신을 바탕으로 자신의 삶을 개척하기를 빌어 본단다. 누군가가 너희에게 원칙과 소신에 반하는 일을 강요했을 때 결코 굴복하지 않는 삶을 사는 멋진 리더가 되었으면 하는구나.

아버지가 이 글을 쓰는 동안 미국에서는 한인 1.5세가 30여

명의 목숨을 앗아 가는 충격적인 총격 사건이 일어나 미국뿐 아니라 온 세계가 애도하고 있어. 자식 하나 잘 키우겠다고 먼 타국까지 갔건만 잘 되기를 바랐던 자식이 결국 많은 젊은이들의 목숨을 앗아가는 죄인이 되었구나. 이에 세상을 살면서 진정한 성공이란 물질이 아니라 정신에 있다는 것을 가르치지 못한 부모들의 잘못을 탓하지 않을 수 없어. 아버지는 너희가 먼저 인격이 훌륭한 사람이 되기를 바란단다. 모든 사람들이 우러러 보는 아름다운 사람이 되기를 힘껏 기도하마.

2008년 봄을 맞이하며
오창에서 아버지가

부록

이명박 서울시장,
『FDI 2005 '세계의 인물' 대상』 수상 연설문

바쁜 일정 중에도 참석해 주신 모든 국내외 귀빈 여러분께 진심으로 감사드립니다. 특별히 서울시에 큰 영광을 안겨 주신 『FDI』 매거진, 그리고 제가 런던에 직접 가서 받는 것이 도리임에도 불구하고 국내 사정상 어려움이 있음을 특별히 이해해 주시고, 시상을 위해 서울까지 와 주신 코트니 핑거(Courtney Fingar) 편집장님께 깊은 감사의 말씀을 드립니다. 런던 시상식에서는 주영한국대사관 측에서 대신 수상하게 되는 것까지도 이해해 주신 것을 감사드립니다.

저는 작년에는 청계천 복원으로, 금년에는 대중교통 개혁으로 상을 받은데 이어 또다시 'FDI 2005 세계의 인물상'을 수상하게 된 것을 제 생에서 매우 큰 기쁨과 영광으로 생각합니다.

2003년 멕시코 폭스 대통령, 2004년 브라질 룰라 대통령이 수상한 이 상을 제가 받게 된 것이 더욱 영광스럽습니다. 이는 변함없는 지지와 적극적인 협조로 힘이 되어 주신 천만 서울 시민과 4만 5천 서울시 공직자들 여러분께 감사드리고, 함께 영광을 누리기를 바랍니다.

『FDI』에서 저를 2005년 세계의 인물로 선정한 이유 중 하나가 '시민뿐만 아니라 서울에 와서 함께 일하는 외국인 모두의 삶의 질을 개선하기 위한 인상적인 추진력(your impressive drive to improve the quality of life for the city's residents, both local and foreign)'이라고 들었습니다.

세계화가 급진전되고 있는 오늘날은 도시 간 경쟁 시대이며, 국가의 브랜드보다 도시의 브랜드에 더욱 큰 가치를 두는 시대가 되었습니다. 서울이 시민이 살기 좋은 도시일 뿐만 아니라 외국인도 기업하기 좋고 살기 편리한 도시가 된다면, 외국 기업으로부터 많은 러브 콜을 받을 수 있을 것입니다.

저는 서울을 환경·교통·문화·행정·경제 등 모든 부문에서 '세계 일류 도시'로 만드는 것을 목표로 일해 왔습니다.

콘크리트로 덮였던 청계천 복원은 올 가을 준공을 앞두고 있습니다. 이 청계천 복원으로 지난해 9월 베니스 국제건축 비엔날레에서 최우수 시행자상을 받았습니다.

서울시는 대중교통을 버스 중심으로 개편했습니다. 천만 인구가 살고 있는 도시가 교통 체계를 일거에 바꾼 경우는 보기 드문 사례이며, 세계 대도시들의 벤치마킹 대상이 되고 있습니다. 이 대중교통 개혁으로는 지난달 메트로폴리스 상을 받았습니다. 서울이 갖고 있는 무한한 문화 잠재력을 꽃피우고 세계 일류로 만들기 위해 '서울문화재단'을 창설했습니다. 마에스트로 정명훈 씨를 서울시립교향악단의 상임지휘자로 영입하여 세계적인 오케스트라로 만들고자 최선을 다하고 있습니다. 한강 위에 세계적인 수준의 오페라하우스와 콘서트홀 건립을 위한 국제건축아이디어를 공모하고 있습니다.

서울시는 유엔이 조사한 '대도시 전자정부 평가'에서 세계1위를 차지했고, 모스크바, 하노이 등 세계의 여러 도시들과 전자정부 노하우를 공유하기로 하였습니다. 서울은 동북아시아 비즈니스 중심 도시를 희망하고 있습니다. 핫라인, Biz 119 등을 설치

하여 외국 기업이 서울에서 활동하는 데 불편이 없도록 도움을 드리고 있고, 세계적인 기업의 CEO들로 구성된 서울국제경제자문단으로부터 조언을 받고 있습니다.

뮌헨공대를 비롯한 독일대학 컨소시움과 연구소 및 기업들이 서울의 디지털미디어시티(DMC)에 '한독산학기술연구원'을 설립하고, 세계적인 금융그룹인 AIG가 여의도에 '서울국제금융센터'를 건립합니다. 저는 이를 위해서 전 세계를 다니면서 적극적인 협력을 강구하고 있습니다.

서울 도심에 푸른 광장이 생기고 이달에는 런던의 하이드파크와 같은 규모의 서울숲이 시민에게 개방됩니다. 서울은 세계적 수준의 친환경도시의 면모를 갖춰 가고 있습니다.

서울은 빠르게 변하고 있고, 세계 일류 도시의 기틀을 튼튼하게 다져가고 있습니다. 서울은 동북아시아의 중심에 위치해 있고, 금융 거점이 되기 위해 적극 노력하고 있습니다. 세계적인 기업들이 진출하기 좋은 환경을 만들어 가고 있으며, 일자리 많은 도시가 되기를 원하고 있습니다. 이렇게 하는 것이 21세기 동북아 시대에 걸맞은 일인 것입니다.

이번 수상을 계기로, 서울은 변화에 박차를 가할 것입니다. 사람이 살기 좋고, 기업하기 좋은 도시를 만들기 위해 전심전력을 다해 나갈 것입니다.

서울시에 귀한 영광을 안겨 주신 FT Business Group의 무궁한 발전을 기원하며, 다시 한 번 함께 일해 온 공직자와 국민 여러분께 감사드립니다.

감사합니다.

뉴리더스 대학생 캠프 강연

어젯밤에 잠 못 잤죠? 편안한 자세로 자연스럽게 자고 싶은 사람은 자고, 깨면 깨고…… . 편안한 자세로 들어도 좋습니다. 오늘 제목이 '리더십과 한국의 미래'인데 심각하게 이야기할 필요가 없을 것 같습니다. 좋은 리더를 만나면 한국의 미래는 밝다는 결론부터 이야기하겠습니다. 좋은 리더를 만나지 못하면 우리는 어려움을 겪을 수밖에 없습니다. 많은 사람들이 절망하고 실망하고 어렵다고 자꾸 이야기합니다. 지금 잘하지 않으면 나라가 망할 듯이 이야기하지만 나라가 쉽게 망하지는 않습니다. 잠시 어려움을 겪더라도 나라는 망하지 않습니다. 새로운 리더를 뽑아서 한국은 다시 출발해서, 여러분도 아시다시피 이 좁은 땅에 있는 것은 사람입니다. 사람이 잘 하면 좋은 세상을 만나는데, 21세기 대한민국 미래는 참 좋다고 봅니다. 옛날에는 자원이 많아야 했습니다. 석유나 가스, 천연자원이 있어야만 가능했지만, 21세기는 사람만 똑똑하면 남의 나라 석유도 우리 것이나 같고, 가스도 우리 것이나 같습니다. 천연자원이 없어서 힘든 시대는 지났습니다. 제가 매우 낙관적으로 생각하는 것은 요즘 대학을 졸업한 젊은이들이 어려움이 있어도 젊다는 특권으로 좌절하지 않고, 포기하지 않고 계속 도전하는 것입니다. 도전하면 반드시 성공할 수 있습니다. 여학생이 많으니까 옛날이야기 좀 해야겠습니다. 저는 시골 출신입니다. 야간상고 다니면서 낮에 돈을 벌었는데요. 제가 고등학교 다닐 때 제일 창피했던 것이 우리 시골에 여학교가 딱 하나 있는데, 그 여학교 앞 골목에서 뻥튀기 장사할 때였습니다. 그때가 창피했습니다. 우리 부모님들이 그 자리가 장사가 잘 된다고 해서 시작했는데, 등교 시 얼마나 창피했는지 모릅니다. 같은 또래들한테 교복을 입고 장사하니까 무척 창피했는데, 사실 여학생들이 날 쳐다보지도 않는데, 괜히 저 혼자 창피해서 저 뒤 가게에 숨어 있다가 나와 일하곤 했습니다. 아침에는 등교시간 한 시간 정도만 숨어 있으면 되는데, 오후에는 학생들이 시도 때도 없이 나오니까, 계속 숨어 있을 수밖에 없었습니다. 어머니께서는 여학생들 오갈 때 장사가 된다고 해서 거기에 자리를 잡았는데, 숨어 있기만 하니까 장사가 될 리 없었습니다. 여학생들이 군것질을 잘 하고, 또 여학교 앞이니까 속없는 남학생들이 왔다 갔다 할 거라고 그 자리에서 장사를 하라고 한 것이죠. 그래서 제가 꾀를 냈습니다. 챙이 넓은 밀짚모자를 하나 구해 눌러쓰고 장사를 했습니다. 그러면 여학생들이 내 얼굴을 못 보리라 생각하고, 모자를 푹 눌러쓰고 장사를 했습니다. 장사를 하려면 사람을 쳐다봐야 하는데, 그렇지 않으니까 장사가 잘 되지 않았습니다. 하루는 아침에 모자를 쓰고 장사하고 있는데 누가 머리를 쥐어박더라고요. 고개를 들어보니까 어머니가 화를 내고 계셨습니다. 한참을 서 있었는데도, 왔는지 갔는지 몰랐으니까요. 어머니는 '사내 녀석이 무엇이 창피해서 이 추운 겨울에 밀짚모자를 쓰고 난리냐' 고 하셨습니다. 젊은 제 심정을 이해하지 못하셨는지, 아니면 이해를 하시면서도 당당하게 돈을 벌어 학교 다니는데 무엇이 창피하냐고 가르치시려고 하셨는지 모르지만, 그렇게 꾸짖으셨습니다. 사실 그렇습니다. 장사를 하려면 눈과 눈을 마주쳐야 합니다. 어떤 사람은 사람을 보면서 눈을 내리깔고 이야기하는데 그런 사람은 성공하지 못합니다. 눈을 상대방과 마주해야 하죠. 그렇게 고등학교를 다니고 나서 사실 대학에 갈 생각을 하지 못했습니다. 노동자가 되어 하루 벌어 하루 사는 생활을 했습니다. 정말 힘들었습니다. 서울에 와서 저는 어떤 부자의 도움도 받지 못했습니다. 아무 연고도 가진 것도 없는 제가 갈 수 있는 곳이 달동네였습니다. 그곳에서 하루 벌어 하루 먹고 살면서 어떤 생각을 했느냐, '왜 이렇게 잘 사는 사람이 많은데, 있는 사람 것을 나누면, 빼앗으면 골고루 나눠 살면 잘 살 수 있을 텐데.'하는 생각을 했습니다. 월급이 아무리 적더라도 한 달 일하고 월급을 받는 생활, 새벽에 인력시장에 나가서 대기하고 있다가 일거리 있으면 벌고 없으면 못 버는 그런 불안한 마음을 갖고 사는 것보다 월급이 적더라도 한 달 일해서 받는 월급이 있으면 좋겠다고 생각했습니다. 또 사글셋방에 사니까 6개월마다 쫓겨납니다. 사글세가 계속 올라가는데, 낼 수 없으니까 자꾸 꼭대기로 올라가게 됩니다. 달동네 꼭대기는 뭐가 다른가하면 화장실이 없습니다. 여러 세대가 옹기종기 모여서 사는데 화장실이 딱 하나 있으니까 줄 서서 기다리다 보면 늦어 내려가서 일자리를 못 얻습니다. 그래서 주변에 대충 누고 가니까 그 인근에는 발을 함부로 디딜 수가 없었습니다. 그

242

때 제게는 나라가 있으나 없으나 똑같았습니다. 국가라는 존재가 제게 아무 가치가 없었습니다. 저도 세금 내는 것이 없었지만, 제가 돈을 벌어서 움막 같은 데라도 살아야 사는 것이고, 그마저도 돈 없으면 쫓겨나는 그런 생활이었습니다. 제가 어린마음에 무슨 생각을 했느냐면 '국가가 존재한다면 최소한 젊은이에게 일자리를 주고, 사람이 살아가는 잠자리는 줘야 하는 거 아닌가. 적은 월세를 가지고도 1, 2년 정도는 안정감 있게 살도록 하는 책임이 있지 않는가. 그걸 안 해주면 국가가 있을 필요가 뭐가 있나.' 그런 생각을 했습니다. 심지어 '있는 사람 것을 빼앗아 나누면 모두가 잘 살 수 있지 않은가.' 하는 생각도 했습니다. 그러다가 대학에 갈 생각을 하게 되었습니다. 그래서 청계천 8가 헌책방에 가서 책을 구했습니다. 제가 고려대학교를 나왔는데, 당시 고려대학교에 가려고 간 것은 아니었습니다. 어느 대학, 무슨 과를 가는 것이 중요한 것은 아니고, 그저 대학에 가고자 했습니다. 야간상고 나와서 노동자가 되니까 초등학교 졸업자나 고등학교 졸업자나 대우가 똑같았습니다. 힘 좋고 일 잘하는 사람이 일당을 더 받았습니다. 그래서 대학을 가야겠다고 마음을 먹고 헌책을 얻어 밤에 공부하고 낮에 일하는데, 어느 대학을 가야 될지를 몰랐습니다. 그러던 어느 날 종로학원가에서 고려대에 3번 떨어진 친구를 만나서 그 친구 원서를 낼 때 같이 갖다 냈습니다. 그런데 그 친구는 떨어지고 저는 붙었습니다. 합격은 했는데 이걸 어쩌나, 입학금을 낼 수가 없잖아요. 이태원 시장이 지금은 외국인이 많이 다니는 시장이지만 원래는 재래시장이 있었는데, 거기서 제 사정을 알고 저를 환경미화원으로 채용해 주었습니다. 그 시장에서 3년 반 동안 새벽 4시에 일어나서 청소해서 한강변에 쓰레기를 갖다 버리는 일을 해서 학교를 다닐 수 있었습니다. 그렇게 고달프게 학교를 다니던 중, 근사한 여학생을 만나게 되었습니다. 살아가기 참 힘든 때이고, 새벽에 일하고 낮에 학교 가서 조는 그런 생활이었는데, 그 여학생은 고급 공무원의 딸이었습니다. 우리가 젊었을 때는 공무원 집, 은행지점장 집이 최고였습니다. 그런데 그 여학생이 나하고 학교는 다르지만, 별 볼일 없는 저를 따라다녔습니다. 저는 그때 사실 마음의 여유가 없었습니다. 그리고 제가 3학년이 되었을 때는 학생운동이 아주 심했습니다. 반독재, 반군사 독재를 외칠 때 학생회장에 출마했습니다. 야간 상고에서는 대학에 간 사람이 저밖에 없었습니다. 선배, 후배 없이 대학 출신이 저 밖에 없습니다. 대학 다닐 때 혼자 올라와서 학생회장을 하기 쉽지 않았습니다. 새벽에 일하고 학교 와서 피곤해서 조는 그런 생활이었으니까, 그런데 결과적으로는 당선이 되었습니다. 당선이 왜 되었느냐, 3학년들은 저를 잘 아니까 안 찍었는데, 1,2학년 후배들이 많이 찍어 주었다고 합니다. 지금은 대학생들이 자율 복장이죠?, 하지만 저는 1,2,3학년 동안 똑같은 옷을 입고 다녔거든요. 그래서 후배들이 이름은 몰라도 얼굴은 다 알더라고요. 1,2학년들이 '저 선배는 뭔가 다른 것 같다. 뭔지는 모르지만 하여간 다르다.' 그래서 찍었다고 합니다. 학생회장이 된 후 전국의 학생회장들이 모여 심하게 데모를 하고 전국에 수배가 되는 바람에 도망을 다니다가 결국은 구속되어서 서대문 교도소에 들어가게 되었습니다. 그때 제가 사귀던 여학생이 매일 아침 면회를 오는 거예요. 하루에 면회가 1번밖에 안 되니까, 누군가 왔다 가면 다음에 안 되니까 매일 아침 일찍 면회를 왔습니다. 그때는 학교가 다 폐쇄되었을 때인데, 새벽부터 가방을 들고 나오니까 집에서는 도서관에 가서 열심히 공부하는 줄 알았는데 매일 아침 면회를 왔던 것입니다. 그런데 어느 날부터 면회가 끊어졌습니다. 그러고는 출감 후 연락이 왔는데, 알고 보니 부모님이 자기 딸이 운동권 학생과 사귄다는 것을 나중에 알게 되어 난리가 났던 것입니다. 인물도 좋고 실력도 있고 정말 괜찮은 여학생이었는데 부모님이 강제로 못 만나게 해서 만나지 못하게 되었습니다. 제가 감옥에서 나왔을 때는 이미 약혼을 한 상태였습니다. 간접적으로 친구들이 이야기를 전해 주어서 만나게 되었는데, 저는 약혼을 했는지도 모르고 만났는데, 여학생에 저에게 약혼사실을 고백하면서, 지금이라도 나만 좋다면 둘이서 떠나자고 했습니다. 지금 같으면 여권 만들어서 외국으로 가 버리면 되지만, 그 당시는 군사정권하여서 여권을 내는 것도 불가능하고 외국으로 가는 것도 불가능했습니다. 저는 만약 그렇게 도망을 가면 난 좋을지 모르지만, 그 여학생에게는 아마 결정적인 불운을 가져오게 될 것이라고 생각했습니다. 저에게 무엇이 있습니까. 아직도 학생회장인 상태이고 가진 것도 없고 아무것도 없는데, 둘이 숨어서 어디서 어떻게 살겠습니까. 군사정권하에서는 제가 대한민국 어디 가서 뭘 하

246

더라도 잡아갈 것인데. 그래서 그 여학생의 마음을 돌리기 위해서 이렇게 이야기했습니다. 감옥에 있는 동안 네가 나에게 면회를 오지 않는 그 시점부터 너를 잊어버렸다고. 이미 잊어버렸으니까 네가 약혼한 그 길로 가는 것이 행복할 것이라고 이야기했습니다. 사실 이 스토리가 90년대 초 KBS 드라마 야망의 세월에서 나왔습니다. 지금까지 제 이야기가 드라마로 2번 나왔는데, 아마 여러분 부모님들이 많이 보셨을 텐데, 주말드라마로 방영이 되었습니다. 저는 그때 그 여학생의 스토리를 이야기하지 않고 비밀로 했는데 우리 친구들이 알려주어서 방영되었습니다. 그 드라마에 보면 재벌에게 시집가고 난 뒤에도 비밀로 둘이 만나는 것으로 되어 있는데 저는 만난 적이 없었습니다. 서로의 존재는 알지만, 그 이후에는 만난 일이 없는데 드라마에서는 계속 만나는 것으로 나왔습니다. 그래서 제가 왜 그런가 했더니 당시 그 역을 맡은 사람이 황신혜 씨였는데, 당시 최고로 인기 있는 배우였기 때문에, 대학시절에만 만나고 끝나면 배역이 없어져야 하니까 계속 만나는 것으로 했다고 합니다. 그래서 제가 부인에게 사실은 졸업 후 한 번도 만난 일이 없다고 미리 이야기를 했거든요. 그런데 사람들이 집에 전화해서 '사모님 속상하시겠어요.' 라고 위로하는 거예요. 한 번은 드라마 속에서 나하고 둘이서 만나는데, 만날 장소가 마땅치 않으니까 어느 호텔 방에서 만나는 것이 나왔습니다. 그리고 헤어질 쯤에 드라마가 끝났는데, 우리 집사람이 드라마를 본 후에 제가 집에 들어오니까 순간적으로 둘이 만나고 들어온 것으로 착각한 거예요. 그래서 표정이 굳어서 다음 날 아침에는 일어나지도 않더라고요. 저는 그 사실을 나중에 알았습니다. 저녁에 들어왔더니 자기가 잠시 착각했다고 이야기하더라고요. 그런 일도 있었습니다. 대학 졸업 후 저와 함께 학생운동을 하던 친구들은 거의 정치로 갔습니다. 친구들은 김영삼, 김대중, 김종필 씨를 따라갔지만, 저는 기업으로 갔습니다. 저는 왜 기업으로 갔는가. 제가 어려서 시골에서 올라와서 일할 때 젊은이에게 일자리도 없고, 잠자리도 없고 이런 나라에서 제가 운동권 학생이 되어서 정치에 뛰어들어 투쟁하는 것으로는 한 자리의 일자리, 한 칸의 집도 지을 수 없다는 생각에 생각을 정리했습니다. 정치는 경제를 알고 사회를 알고 그다음에 해야 제대로 할 수 있을 것이라고 생각했습니다. 학생운동하고 감옥 갔다 온 경험을 가지고 정치권에 뛰어들어 권력을 잡으면 과거와 같은 사회에서는 가능하지만, 21세기 다양화, 전문화, 국제화된, 개방된 사회에서는 운동권의 경험을 가지고는 할 수 있는 일이 아무것도 없다고 생각했습니다. 21세기에 와서 세계가 다 변했는데, 우리는 지금도 진보다, 보수다 가르고 있습니다. 누가 진보고 누가 보수입니까? 여러분 중에도 진보적 생각을 가진 사람이 있을 것이고 보수적 생각을 가진 사람이 있을 것입니다. 보수는 썩었다. 진보는 개혁이다. 미래에 진보가 가장 희망적인 것으로 이야기하고 있습니다. 지금은 우리끼리 사는 시대가 아닙니다. 우리의 경쟁자는 우리가 아닙니다. 삼성그룹의 경쟁이 엘지나 현대가 아니고 모토롤라, 노키아이듯 온 세계가 경쟁자입니다. 그러니까 삼성이라는 회사가 해외에 나가서 기업의 이미지를 높이기 위해 노력하는 것입니다. 모스크바 공항에 가도 삼성 광고가 있고, 시내 다리 건널 때 보면 엘지 광고가 붙어 있습니다. 세계와 경쟁하고 있는 상황에서 누가 진보고 누가 보수입니까. 우리는 어떤 상황을 놓고 때로는 진보적인 생각을 가질 수도 있고 때로는 보수적인 생각을 가질 수 있습니다.

저의 경우만 보면 버스개혁을 했다는 것은 극히 진보적인 일입니다. 그동안 버스 회사들이 버스 노선을 사유화해서 운영했습니다. 시민이 불편하더라도 이익이 많은 노선을 돌아가면서 운행했습니다. 그것을 준공영제로 해서 서울시가 관리하게 되었습니다. 선을 다시 긋고 입찰을 다시 한 것은 진보적인 관점에서의 처사입니다. 그렇다고 제가 진보냐, 저는 기본적으로 건전한 보수적 사고를 갖고 하고 있습니다. 학생들을 만나면 저에게 묻는 이야기가 하는 일은 진보적인데, 한나라당 소속이기 때문에 보수라는 거예요. 그래서 시장님이 생각하기에 자신이 보수냐, 진보냐를 묻습니다. 젊은 학생도 정치적 물결에 젖어 있는 것이죠. 맹목적으로 진보는 좋고 보수는 나쁘다, 한나라당은 보수고 열린우리당은 진보다, 열린우리당 안에도 진보, 보수 있을 수 있고, 한나라당에도 진보와 보수가 있을 수 있습니다. 진보는 개혁이고 좋은 것이고 보수는 낡고 병든 것이라는 생각. 과거를 되돌이켜 보면 후회할 일도 있고 그늘도 있고 불공정한 일도 있지만 그런 가운데에서도 2차 대전 끝난 전후에 후진국이 선진국 문턱에 온 나라는 이 지구상에 대한민국밖에 없습니다. 우리가 6.25

를 겪고 난 뒤 국민소득이 40불밖에 되지 않았습니다. 과거를 돌이켜 보면 모든 것이 썩고 병들고 다 나쁜 것 같지만 그 가운데에도 긍정적, 적극적인 것이 있어서 전진하고 전진하면서 만 불 소득까지 온 것입니다. 누가 누굴 탓하겠습니까. 그 시대에는 그 시대의 상황이 있는 것입니다. 70년대, 80년대, 20세기, 21세기 다 상황이 있습니다. 21세기 시대의 눈을 가지고 70년대를 무조건 나쁘다고 하면 안 됩니다. 아무 경험 없이, 대한민국은 기술, 자본, 경험 아무것도 없는 가운데 온 세계를 다니면서 이룬 것입니다. 엘지는 처음 시작할 때 마산에서 요즘 말하는 로션을 만들었었습니다. 그때는 구리무라고 했는데, 처음 시작은 그것이었습니다. 경험도 자본도 기술도 없었던 기업들이 온 세계를 다니면서 경험, 자본을 얻어 세계 일류 기업으로 발전한 것입니다. 삼성도 마찬가지입니다. 이병철 씨는 처음 시작할 때 양조장, 막걸리 공장에서 시작했습니다. 정주영 씨는 쌀가게에서 시작했습니다. 그 과정에서 그 사람들이 얼마나 많은 노력을 했겠습니까. 그런 긍정적인 측면도 봐야 합니다. 그런데 그 기업들을 모두 다 정경유착, 정권과 힘을 모아 썩어서 독점을 했다고 합니다. 물론

전적으로 부정할 수는 없지만 상황을, 우리가 살아가는 동시대의 역사를 정확하게 분석해서 '우리 아버지와 어머니 세대가 정말 노력했구나. 이런 것은 좀 그러지 않았으면 좋았을 텐데.' 하는 분석을 가지고 해야 합니다. 모조리 나쁘다는 것만큼 어리석은 것이 없습니다. 그렇게 하니까 힘을 모을 수 없고 대결이 되는 것입니다. 구세대 신세대가 대결하고 모든 것이 대결 양상입니다. 이것을 가지고는 우리는 한걸음도 나아갈 수 없습니다. 졸업을 하고 취직을 하려고 감옥에 있을 때 공부를 많이 했습니다. 정치에 따라가지 않고 기업에 가겠다고 생각을 정리하고 나와서 시험을 쳤는데, 1차 시험에는 합격하는데, 꼭 2차에서 떨어지는 거예요. 세 번째 떨어지는 것을 보고 알게 되었습니다. 중앙정보부에서 이명박은 이 땅에서 어떤 직장도 가질 수 없게 만들었다는 것을 그때 알았습니다. 포기하고 다시 노동자로 돌아가야 할 상황이었습니다. 당시 현대건설 정주영 회장이 작은 건설 회사를 만들어 신입사원을 모집했는데, 그때 종업원이 98명이었습니다. 제 생각에 현대건설 주식회사가 이름도 안 알려지고 작은 회사니까 이런 회사 같으면 보내 주리라 생각하고 시험을 보았습니다. 1,2년간 들어가 있다가 정부에서 몸을 풀어 주면 좋은 직장에 가서 일을 소신껏 하리라 마음을 먹었습니다. 그래서 시험 치고 면접하는데 '어이, 이군.' 하시더라고요. 아무리 면접하러 왔지만 '이군, 합격하면 우리 회사 올 거야, 안 올 거야?' 이러시더라고요. 이건 합격 통보나 같습니다. 초등학교밖에 못 나온 사람이 처음으로 대학생을 뽑으니까, 근래 나오는 영웅시대를 보니까 비슷하게 나오긴 하더라고요. 속으로 이제는 합격되었다고 생각했습니다. 그런데 일주일 후에 통보가 왔는데, 같이 일할 수 없다고 통보가 왔습니다. 불합격이 아니라 같이 일할 수 없게 되었다고, 정부가 거기까지 못 가게 한 것입니다. 그래서 처음으로 대통령에게 항의를 했습니다. 그랬더니 청와대 비서실 보좌관이던 이낙선 씨가 제가 보낸 항의편지를 보고 만나자고 했습니다. 그때 제가 결국 마지막으로 한 이야기는 이것입니다. '한 젊은이가 세상을 자기 힘으로 살려고 하는데 나라가 그 길을 막는다면 한나라가 한 젊은이에게 빚지는 것이다.'라고 이야기했습니다. 헤어지면서 도저히 이 정권하에서는 살 수 없구나 하는 심정으로 마지막으로 던진 것입니다. 그분이 제 이야기를 대통령에게 보고해서 현대건설에 들어가게 되었습니다. 나중에 알고 보니까 현대에서 한 달에 한 번씩 동태 보고를 중앙정보부에 하고 있었습니다. 합격 조건으로 동태 보고를 하도록 한 것이죠. 지금 여러분 관점에서 보면 군사정권하, 독재정권하 기업의 폐단이고 어떻게 이런 일이 가능하냐고 하겠지만 그때의 현실은 그랬습니다. 거기서 정말 내가 가진 경험은 없지만 열심히 일했습니다. 처음으로 신입사원을 뽑아서 강릉으로 연수를 갔습니다. 정주영 회장이 공부는 많이 못하셨지만 운치가 있고 책을 많이 읽은 분이어서 대학 나오고 박사 받은 어떤 사람과도 토론할 수 있는 사회적 경험과 지식을 갖고 있었습니다. 연수 마지막 날 밤 해변에서 캠프파이어를 하면서 정주영 회장과 둘러앉았는데, 소주를 상자 채로 갖다놨더라고요. 그리고 함께 소주를 마시는데 제안한 것이, 이 소주잔을 계속 돌릴 테니, 먹다가 도저히 못 먹고 싶으면 뒤로 빠지고 그러면 그만 먹이겠다고 했습니다. 술잔이 돌면서 점점 인원이 적어지는데 입사한 지 얼마 되지도 않았는데, 총수가 데리고 먹으니까 다들 긴장했습니다. 여기서 잘 보여야 된다는 생각을 한 것이죠. 저는 사실 술이 굉장히 약한 사람 중의 하나인데, 정신력으로 버텼습니다. 29명에서 10명이 되고, 마지막으로 정주영 회장과 저를 포함해 신입사원 3명이 남았습니다. 소주 상자는 거의 다 비워지고 정말 죽기 아니면 살기로 경쟁했습니다. 4명이니까 속도가 얼마나 빠르겠습니까. 그중에 둘이 나가떨어지고, 정주영 회장님과 저, 둘이 남았습니다. 둘이서 주고받고 했는데, 처음에는 자신 있게 해변에서 하늘을 쳐다보더니 저 달이 질 때까지 먹자고 했습니다. 그분도 그 때 40대 후반이었으니까. 그런데 조금 있더니 '나 가야겠어.' 하시더라고요. 그러고는 직원 둘이 옆에 팔을 끼고 가다가 넘어져서 경포대 철조망에 다치셨는데, 돌아가실 때까지 그 자국이 있었습니다. 그 자국에 대한 사연은 저만 알지요. 회장님이 가시는 것을 보고 저도 쓰러져서 어떻게 되었는지 모르지만 최종적으로는 제가 이긴 것이죠. 그 후 회사 내에서 술이 세다고 소문이 나서 술자리만 있으면 저를 불러서 죽을 지경이었습니다. 작은 기업이었던 현대건설이 세계적인 기업이 되었습니다. 자동차 만들 때 첫 조립을 제 손으로 했고, 울산 조선소 만들 때 처음 시작을 제가 하게 되었습니다. 현대그룹이 계속 발전하는 과정에서 수많은 경험을 할 수 있었습니다. 그런 와중에 현대그룹이 되고, 내가 회사를 떠날 때는 1인당 GNP가 8천불, 종업원이 20만 명이 되었습니다. 이것이 오늘날 발전사이고, 여러분이 살아가는 동시대에 일어났던 역사입니다. 70년대 35살에 사장이 되어서 90년대 초까지 CEO를 했습니다. 온 세계를 다니면서. 대 선배인 김우중 회장을 각국 공항에서 자주 만났습니다. 그런 시대에 우리가 살았습니다. 세상의 모든 것을 부정적으로 볼 필요가 없는 것입니다. 부정 속에서도 긍정적인 측면이 있고 긍정적인 측면에서도 부정적인 측면이 있는 것입니다. 그 상황을 정확하게 분석할 필요가 있습니다. 경험도 기술도 자본도 없는 속에서 일으킨 투지, 도전 정신, 선구자적 정신을 이어받아야 합니다. GE의 잭 웰치 회장은 이렇게 말합니다. '어느 시대에든지 산업사회이든, 정보사회이든, 21세기이든지 기업가 정신은 똑같다.'고 했습니다. 2천 년 전에 쓴 성경이 그 시대정신에 맞는가 하면 오늘 시대에도 그 정신은 맞는 것입니다. 그와 똑같이 우리 선배가 가졌던 그 장점을 택해야 합니다. 오늘날에도 많은 문제가 있지만, 잘못하고 있다거나 나라가 망하겠다는 이야기는 하고 싶지 않습니다. 이 정권을 선택한 것도 여러분이고 우리 국민이기 때문입니다. 만 불 소득이 된지 10년이 되었습니다. 만 불까지 오기가 힘들지, 만 불 소득이 되고 나면 아무리 늦어도 다 8년 만에 대부분의 나라들이 2만 불이 되는데, 우리는 10년이 되었는데도, 이대로 가면 언제 2만 불, 3만 불이 될지 알 수 없습니다. 지금은 소득은 늘어나지 않는데 달러 소득으로 자연히 앉아서 13,000불 정도 되었지만 생활의 질은 올라감이 없습니다. 그나마 기업을 하는 사람과 국민이 열심히 해서 만 불을 유지하고 있는 것입니다. 제대로 된 정권, 지도자가 와서 제대로 리더십을 발휘했다면 이미 2만 불이 되었을 것입니다. 3만 불을 향해가야 정상인데 못 가는 게 아쉬운 것입니다. 통일을 앞둔 상황에서 지금 200조 빚을 지고 있습니다. 현재처럼 일을 벌리고 저지르기만 하면 앞으로 빚은 300조가 될 것입니다. 300조 빚을 가진 나라가 통일을 감당하기 힘듭니다. 세계에서 가장 가난한 북한 정권을 감당할 수 없는 것입니다. 촌음이라도 아껴 써야 합니다. 불필요한 낭비를 줄이고 정부가 돈을 모아야 합니다. 수도를 이전하는 데 100조가 들면 그 100조를 세이브하라는 것입니다. 역사를 뒤로 후

퇴시킬 수 없습니다. 앞으로 나아가야 합니다. 여러분 한 사람이 실수하는 것은 한 사람에게 피해를 주지만, 국가 리더가 실수하면 대한민국 전체에 피해를 줍니다. 이 시대는 국가 경영의 시대입니다. 군사정권에서 나라를 다스리던 시대, 운동권에서 나라를 하던 시대도 지났고, 이제는 국가 경영의 시대가 왔습니다. 대학도 경영의 시대가 왔다. 대학 총장이 인격과 학문이 높은 분들만 하시는 것은 아닙니다. 하버드 대학, 어느 일류 대학도 요즘은 대학을 경영할 수 있는 최고 능력자를 데려와서 대학을 발전시키고 있습니다. 기업을 경영하듯이 국가도 경영해서 국민을 잘 살게 만드는 국가 경영의 시대가 온 것입니다. 여러분도 이런 관점에서 국가, 미래, 세계를 봐야 한다고 생각합니다. 여러분은 젊습니다. 이것은 젊은이의 특권입니다. 나이든 사람은, 기성세대는 실패하면 끝이지만, 여러분은 도전하고 실패하고 좌절해도 포기할 필요 없습니다. 다시 도전하고 또 도전해야 하는 것입니다. 여러분에게는 그런 도전, 열정이 있습니다. 두려워하지 말아야 합니다. 가장 나쁜 것은 좌절하고 포기하는 것입니다. 어떤 상황에서도 도전할 용기를 가져야 하는 것이고, 그럴 때 우리 사

회가 발전할 수 있는 것입니다. 미래를 향해 그렇게 도전하시기
바랍니다.

감사합니다.

다보스 포럼 특별만찬 연설문 전문

여러분, 반갑습니다. 이 만찬에서 연설하게 된 것을 큰 기쁨으로 생각합니다.

여러분은 제가 한국 수도 서울의 시장으로서 서울의 경쟁력이나 서울이 성취한 많은 성과에 대해 말할 것으로 기대할지도 모르겠습니다. 그러나 저는 지난 4년간 서울시장으로서의 경험이 오늘 세션의 주제인 Reshaping Asian Integration에 가지는 의미에 대해 언급하고자 합니다.

저는 2002년 서울 시장으로 당선되기 이전 현대그룹의 CEO로 오랫동안 활동하였고 국회의원으로도 재직하였습니다.

저는 현대그룹을 한국에서 손꼽히는 큰 기업일 뿐만 아니라 세계적인 기업으로 발전시키는 데 많은 기여를 하였습니다. 현대그룹의 CEO로 재직하는 동안 저는 세계 수준의 기업을 만드는 데 필요한 세 가지 원칙을 배웠습니다.

첫째는 고객과의 약속은 반드시 지킨다는 것이며 둘째는 고객이 원하는 것을 만족시키기 위해 최선을 다한다는 것이고 셋째는 경쟁에서 이길 수 있도록 경영의 효율성을 극대화한다는 것이었습니다.

위 세 가지 원칙은 자연스럽게 고객과 종업원과 주주 등 이해관계자들의 신뢰(trust)를 얻는 데 도움이 되었습니다.

약 4년 전 서울 시장에 취임한 후 서울의 행정에도 이러한 원칙과 접근 방법이 적용된다는 것을 직접 체험하였습니다. 우선 기업하기 좋으며 살기 좋은 세계 수준의 도시를 만들기 위해 경제, 문화, 환경, 교통 등 제 분야의 발전 약속을 하였으며 이를 모두 이루었습니다. 편리하고 깨끗하며 따뜻하고 활력 있는 수도 서울의 모습을 바라는 시민들의 의견을 존중하고 이를 정책에 반영하였습니다. 그리고 관료주의로 정체되었던 서울에 일류 기업과 다름없는 효율적인 경영 체제를 구축하였습니다.

이 같은 노력의 결과 지난 4년간 상당한 성과를 거두었습니다. 예컨대, 서울 시장으로 재임하는 동안 회색 콘크리트로 뒤덮인 서울시를 녹화하는 데 상당한 성공을 거두었으며, 대중교통 체계를 혁신하여 승용차 사용을 억제하는 데도 큰 성과를 거두었습니다. 특히 지난 40년간 콘크리트에 매몰되어 있던 도심 하천 청계천을 복원하여 도시의 재생을 일구어 냈습니다. 그리고 서울을 세계 중심지로 만들기 위한 노력의 일환으로 지난 4년간 약 180억 달러 이상의 해외 직접투자를 유치했습니다. 아울러 서울시의 모든 행정을 전산화하여 행정의 투명성과 효율성을 크게 제고하였습니다.

도심 하천 복원과 대중교통 체계를 개선한 공로로 각각 베니스 비엔날레 건축박람회 1등 상과 메트로폴리스 국제기구로부터 메트로폴리스 상을 받았습니다. 또한 서울을 살기 좋고 기업하기 좋은 도시로 발전시킨 공로를 인정받아 2005년 Financial Times로부터 FDI Person of the Year로 선정되기도 하였습니다. (본인 이전에 이 상을 받은 분들로는 멕시코 및 브라질 대통령이 있습니다.)

비록 많은 성과를 거두었지만 동시에 여러 가지 어려움도 많았습니다. 가장 어려웠던 것은 제가 상대해야 할 많은 국내외 정치 지도자들의 사고방식과 행태가 너무나 시대에 뒤떨어진 것이었습니다. 예컨대, 많은 정치 지도자들은 오늘날까지 기업의 사회 공헌을 제대로 인식하지 못해 반기업적인 정책을 펴고 있을 뿐 아니라, 사회경제 문제 해결에 있어서도 시장의 역할에 대한 이해가 부족해 시장 기능을 활성화하기보다는 이를 억제하는 반시장적 정책을 사용하고 있습니다.

일부 정치 지도자들은 자본주의 시장경제를 발전시키는 데 있어 법치주의가 얼마나 중요한가를 인식하지 못하고, 공공업무를 수행하면서도 개인감정과 사익을 앞세워 부정부패를 저지르기도 했습니다. 또한 어떤 이들은 국민의 공론을 존중하기보다는 개별 집단의 이해를 앞세우고, 인류 전체의 평화와 복지를 생각하기보다는 특정 국가나 지역의 이익만 앞세우고 있습니다.

특히 최근 일부 아시아 정치 지도자들은 과거 역사에 얽매여 국가 간의 긴장을 고조시키면서 아시아의 미래를 어둡게 하고 있습니다. 유럽에서는 독일 아데나워와 같은 훌륭한 지도자들이 진정한 반성과 이웃에 대한 배려로 2차 대전 이후 과거를 청산하고 미래를 위해 화해와 협력을 한 것과 달리, 아시아에는 아데나워와 같은 진정한 지도자가 없다는 것이 안타깝습니다. 현재 중국, 일본, 한국의 정치 지도자들은 한편으로는 동아시아 지역 협력을 주장하면서도 또 한편으로는 서로 대화를 기피하고 있는 실정입니다.

세계화 추세에 역행하여 아시아의 일부 지도자들은 민족주의, 지역주의에 근거한 아시아 블록화를 부추기고 있습니다. 이러한 지역주의와 블록화는 아시아 지역의 경제 활력을 약화시킬 수 있습니다. 이제 세계는 WTO체제하의 다자간 협력을 통해 범세계적인 무역 및 투자 자유화를 추진하여 인류의 공동 번영을 추구해야 할 것입니다. 저는 이것이 Asian Integration의 핵심이 되어야 한다고 생각합니다.

작금의 아시아는 중국과 인도의 빠른 성장으로 세계를 놀라게 하고 있으며, 한국, 일본을 포함한 아시아의 여러 나라들이 빠른 성장세를 보이고 있습니다. 아시아 경제 활력의 지속을 위해서는 과거에 집착하는 행태를 버리고 미래를 향한 비전과 이를 실천할 리더십이 필요합니다. 이와 함께 고결성(integrity)이 있는 리더십이 필요합니다. 경쟁적인 기업 활동과 시장 원리의 중요성을 이해하는 지도자가 필요합니다. 특히 아시아 경제의 지속 성장을 위해 국가 간, 도시 간 협력이 필요하며 이를 일구어 낼 수 있는 정치 지도자들의 안목과 비전과 리더십이 절실하다고 하겠습니다.

저의 시장 임기는 오는 6월에 끝나게 됩니다. 그러나 저는 끊임없는 관심을 가지고 아시아 지역 정치 지도자들과 협력하여 아시아와 인류 발전에 기여하기 위해 최선의 노력을 다할 계획입니다. 이 기회를 빌어 여러분의 지속적인 관심과 지지를 부탁합니다.

경청해 주서서 감사합니다.

누가 뭐래도 경제입니다.
- 대한민국 747을 향해!

존경하는 내외 귀빈 여러분! 사랑하는 국민 여러분! 반갑습니다. 이렇게 많이 와주셔서 감사합니다.

오늘 이 자리는 제 책의 출판을 기념하는 자리입니다. 《어머니》와 《이명박의 흔들리지 않는 약속》 두 권입니다. 책을 내고 오늘 이 자리를 마련해 주신 출판사 측에 감사드립니다.

저의 구술을 좋은 글로 옮겨 주신 작가님들께도 감사드립니다. 《어머니》는 제 어머니 이야기입니다. 제 가슴속 깊은 곳에 간직해 온 어머니와 아들 사이의 이야기입니다.

"나는 너를 믿는다."

"지금은 어렵지만 언젠가 잘 될 것이다."

아들의 일생을 지탱시켜 온 어머니의 사랑 이야기입니다. 《이명박의 흔들리지 않는 약속》은 저의 정책 탐사 이야기입니다. 현장에서 확인하고 다듬은 저의 생각입니다. 이 땅 구석구석에서 만난 사람들과 나눈 약속의 이야기입니다. 그것은 저와 여러분 사이의 약속이기도 합니다. 저는 오늘 이 두 권의 책을 여러분 앞에 내어 놓습니다. 이명박의 솔직한 모습이고 꾸밈없는 생각입니다. 부끄러움도 자랑도 아닌 우리 모두의 희망 이야기입니다. 여러분과 함께 나누고자 합니다.

"가난을 부끄러워 말고 열심히 일해라."

"어렵더라도 남을 도와야 한다."

어머니가 제게 주신 가르침입니다. 이렇게 제 일생의 스승은 가난과 어머니였습니다. 어머니는 제게 희망과 사랑과 바른 정신을 심어주셨습니다. 그 덕분에 저는 고난의 한가운데에서 용기를 내고, 절망의 벼랑 끝에서 다시 희망을 얻어, 미래를 내다보고 달려올 수 있었습니다. 제 어머니께 감사하는 마음으로 이 땅의 어머니들께 약속드립니다. 당신들의 자식과 그 자식들의 자식들을 위하여 기대에 어긋나지 않게 일할 것을 약속드립니다.

사랑하는 국민 여러분!

저는 현장에서 살아 왔습니다. 현장은 땀 흘려 일하는 진실한 곳입니다. 춥고, 바람 불고, 비오지만, 서로 믿고, 돕고, 함께 하는 곳입니다. 미래를 꿈꾸고 그 꿈을 이루어 가는 곳입니다. 저의 현장은 가난한 시골 바닷가였습니다. 일을 찾아 헤맨 길거리였고, 고된 작업장이었습니다. 기업과 함께 한 산업 현장이었고, 세계 시장이었습니다. 또한 국회였고, 서울특별시였습니다. 제 삶의 현장에서 만난 많은 분들을 기억합니다.

열심히 일하고 성실하게 사는 분들, 제게 실용의 가치와 포용의 아름다움을 일깨워 주신 분들입니다. 그분들의 기대에 어긋나지 않을 것을 다짐합니다. 저를 야간고등학교에 진학하도록 주선해 주신 중학교 선생님, 노동자 시절 대학 시험 공부하라고 책을 주신 청계천 헌책방 아저씨, 대학 다닐 수 있게 환경미화원으로 고용해 주신 이태원 재래시장 상인들, 고맙습니다. 당신들의 기대에 보답하겠습니다.

눈물 젖은 밥을 함께 먹었던 일용 노동자들, 달동네 어두운 방에서 손을 마주잡았던 치매 노인, 뉴타운 건설 현장에서 희망을 되찾았다던 노숙자들, 고맙습니다. 당신들의 꿈을 잊지 않겠습니다.

저에게 일할 기회를 주셨던 분들, 함께 일했던 이들, 저와 경쟁하였던 분들, 잘못을 지적해 준 이웃들, 정책 투어에서, 강연장에서, 질문과 비판과 제안을 쏟아내던 분들, 고맙습니다. 당신들이 나의 친구입니다.

시청 앞 광장에서 스케이트 타던 어린이들, 눈물로 쓴 편지를 보내온 하이 서울 장학생, 청계천 복원 반대를 접고 앞장서 협조해 준 상인들, 고맙습니다. 당신들을 사랑합니다.

가정을 지키는 이들, 일터를 지키는 이들, 나라를 지키는 이들, 민생을 염려하고, 굶주리고 있는 북한 주민들을 걱정하고, 후손들을 생각하는 이 모든 분들이 저의 가까운 이웃들입니다. 이들이 하루하루를 마음 졸이며 살아가고 있습니다.

고맙습니다. 여기 이 책들을 당신들에게 바칩니다.

사랑하는 국민 여러분!

고마운 이, 사랑하는 이들이 한 배에 탔습니다. 우리 대한민국 호입니다. 선조의 역사를 싣고 후손의 미래를 열어가는 우리 모두의 생명선입니다. 그런데 우리 배가 항로를 잃고 있습니다.

선택한 항로를 벗어나더니 자꾸만 멀어지고 있습니다.

벌써 10년째입니다. 더 벗어나면 희망의 길로 돌아올 수도 없는 위기에 처해 있습니다. 넓고 넓은 바다 한가운데입니다. 파도는 높고 비바람은 거칩니다. 다른 배들은 저만치 앞서가는데 우리는 뒤처져 헤매고 있습니다. 선장은 좌표를 놓치고 기관실은 무력합니다. 한 치 앞을 내다보기 어렵습니다. 갑판 위가 어지럽고 선실도 혼란스럽습니다. 서로에 대한 신뢰가 무너지고 있습니다. 남들이 우리를 얕보기 시작했습니다. 승객들이 당황하고 선원들은 흩어지고 있습니다. 바다를 원망하는 것은 어리석습니다. 선원을 나무라거나 승객을 윽박질러 될 일도 아닙니다. 목청을 돋우어 떠들기보다는 길을 찾아 나서야 합니다. 길은 있습니다. 다만 혼란에 덮이고 가려 보이지 않을 뿐입니다. 길을 찾아 열어야 할 때입니다. 이제 대한민국이 저의 현장입니다. 저는 평생 길을 찾고 열어 왔습니다. 아프리카, 중동, 동남아에서 사막과 정글에서 없던 길을 내었고, 태평양 건너 미 대륙에서, 시베리아 가로질러 유라시아에서 세계 시장으로 가는 길을 개척했습니다. 어둠 속에서 죽어 가던 청계천 물길을 살려 내어 지속 가능한 발전의 길을 열었고, 자연이 닦아 놓은 하천을 이어, 한반도 물길을 따라, 국운 융성의 길을 열고자 합니다.

제 인생 자체가 현장에서 길을 찾아온 과정이었습니다. 이제 저의 현장은 대한민국 호입니다. 바른 항로를 찾아내고 쾌속 항진하기 위한 길을 찾아 나서려 합니다. 그 길은 희망으로 가는 길입니다. 문명의 장벽 넘어 넓은 세계로 나아가는 길, 역사의 고비를 넘어 미래로 가는 길, 선진 통일 국가로 가는 길입니다. 대립과 갈등의 길이 아니라, 화합과 상생의 길입니다. 간섭과 규제의 길이 아니라, 법치에 기초한 자율의 길입니다.

닫힌 고립주의가 아니라 열린 글로벌리즘의 길입니다. 그 길을 찾아내겠습니다.

"이대로 가면 4년에서 6년 내에 큰 혼란이 온다."

최근에 경륜 있는 한 기업인이 한국 경제를 향해 던진 경고입니다. 정말 이대로는 갈 수 없습니다. 새로운 길을 찾고 유능한 선장을 찾아야 합니다. 경제는 경제 논리로 풀어야 합니다. 낡은 이데올로기에 사로잡혀 정치의 수단으로 삼아서는 안 됩니다.

실용을 중시하고 시장이 돌아가게 해야 합니다. 그런데 이 정부는 잘하지 못했습니다. 투자 의욕 꺾으니, 일자리 줄어들고, 경기가 가라앉았습니다. 편 갈라 다투면서 생산성도 떨어졌습니다. 신뢰도 자신감도 사라지고, 투자는 더 위축되었습니다. 이 악순환의 굴레를 벗어나야 합니다. 그 고리를 끊어야 합니다. 투자하고 일할 의욕을 살려야 합니다.

"기본은 국가가 책임질 테니, 개인과 기업은 마음껏 뛰어라!"

리더는 그렇게 말하고, 또 그렇게 실천해야 합니다. 정부와 정치인이 도우미 역할을 해야 합니다. 기업과 노동자와 힘을 합쳐 다시 성장의 모터를 힘차게 돌려야 합니다. 투자가 일어나서 일자리가 생겨나고, 소득과 소비가 늘고, 생산이 늘어나면, 경기가 좋아져 다시 투자가 늘어납니다. 이렇게 되어야 합니다. 투자가 복지입니다. 투자는 성장을 가져오고, 성장은 더 나은 분배와 복지의 기반을 만듭니다. 그것이 삶의 질을 향상시킵니다. 발전이 통합입니다. 모두가 다 잘 살면 국민 통합은 저절로 이루어집니다. 가난을 나눠 갖는 것으로는 갈등이 치유되지 않습니다. 불균형은 발전을 통해서 적극적으로 해소될 수 있습니다. 그리고 통합이 다시 성장입니다. 성장과 발전이 생산적 사회 통합을 이루어 냅니다. 지역, 계층, 세대 간 통합이 이루어지면 새로운 성장의 동력이 만들어집니다. 이것이 선순환(善循環)입니다.

선순환이 시작되면 신바람이 일어납니다. 가정에서, 직장에서, 해외에서 플러스 알파의 효과가 일어납니다. 우리가 잘 살아야 북한 동포들도 도울 수 있습니다. 통일의 기반도 닦을 수 있습니다. 나라 안만 보아서는 안 됩니다. 나라 밖 세계와도 적극적인 협력을 해 나가야 합니다. 북한의 오늘도 보고, 통일된 훗날까지 내다보아야 합니다. 신한반도 시대를 열어야 합니다. 한반도에 핵이 제거되고 북한이 개방되면 국제 사회의 도움을 받아 북한은 10년 안에 1인당 국민소득 3,000달러가 될 수 있습니다. 통일도 결국은 경제입니다.

잘 사는 국민, 따뜻한 사회, 강한 나라를 만드는 것이 저의 꿈입니다. 저의 어머니, 그리고 이 땅의 모든 어머니들과의 약입니다. 여러분과의 흔들리지 않는 약속입니다.

사랑하는 국민 여러분! 한국 경제, 이대로는 5% 성장도 힘겹습니다. 경제의 패러다임을 바꾸어야 합니다. 규제를 풀고, 투자

의욕을 되살려 기업이 마음껏 뛰게 해 주어야 합니다. 세계화의 편익을 극대화하고, 해외 투자를 획기적으로 늘려야 합니다. 기초 질서를 확립하고, 정부 부문의 효율성도 높여야 합니다. 새로운 노사 문화를 만들어야 합니다. 근로자의 의욕을 제고하여 생산성을 높여야 합니다. 최선을 다하여 국가경쟁력을 높이면 6% 성장은 될 것입니다. 그리고 더 있습니다.

경제 외교를 강화해야 합니다. 인력 양성과 연구 개발에 힘써야 합니다. 기술 경쟁력을 높이고, 미래형 소프트 산업을 육성해야 합니다. 그리고 지도자가 믿음을 주고, 사회적 신뢰를 구축하면 7% 성장도 가능합니다. 우리는 할 수 있습니다. 해 본 경험이 있고, 갈 길을 알기 때문입니다.

그렇게 해서 그야말로 '잃어버린 10년'을 보상받을 수 있으면 10년 뒤에는 1인당 국민소득 4만 불 시대가 열리게 될 것입니다. 세계에서 가장 가난했던 나라가 불과 두 세대 만에 이루는 기적입니다. 경제가 되면 다른 부문도 할 수 있습니다. 교육, 복지와 환경은 물론 과학 기술과 문화도 함께 가야 합니다. 그러면 세계 7대 강국도 바라볼 수 있을 것입니다. 7% 성장, 4만 불 시대, 7대

경제 강국은 우리의 꿈입니다.

747을 우리 경제 10년의 목표로 삼아 앞으로 나아갑시다. 악순환의 고리를 끊고 선순환으로 달려갑시다. 이것이 문화대국, 선진 통일한국으로 가는 길입니다. 쉽게 되는 일이 결코 아닙니다. 누구나 할 수 있는 일도 아닙니다. 그러나 저는 긍정의 힘을 믿습니다. 그리고 우리 국민의 저력을 믿습니다. 우리가 희망을 가지고 온 국민이 에너지를 모으면 가능합니다. 새로운 도약이 가능합니다. 또 한 번의 신화 창조가 가능합니다. 존경하는 내외 귀빈 여러분! 사랑하는 국민 여러분! 누가 뭐래도 경제입니다. 대한민국 747을 향한 도전을 시작합시다.

저도 여러분과 함께하겠습니다.

감사합니다!